La messe
Sa célébration expliquée

PETITE ENCYCLOPÉDIE MODERNE DU CHRISTIANISME
dirigée par Georges Carpentier et Charles Ehlinger

La messe
Sa célébration expliquée

Lucien Deiss

DESCLÉE DE BROUWER

© Desclée de Brouwer, 1989
76 *bis*, rue des Saints-Pères, 75007 Paris
ISBN 2-220-03098-9
ISSN 0986-4644

Introduction

Q UAND le Concile de Vatican II parle de la messe, il n'en finit pas de célébrer son importance. Elle est « le centre de la communauté chrétienne [1] », « la source et le sommet de toute la vie chrétienne [2] », ou encore « le centre et le sommet de toute la vie de la communauté chrétienne [3] ». Racine, source, centre, sommet : la célébration eucharistique est au cœur de notre foi et de notre vie. L'étudier, c'est regarder son propre cœur. C'est là que nous rencontrons le Christ Jésus, présent dans sa Parole, présent dans l'Eucharistie, présent dans la communauté célébrante. Et c'est de là que cette présence rayonne au cœur de notre vie et la transfigure en « eucharistie », c'est-à-dire en action de grâce.

Deux mille ans d'histoire ont revêtu cette célébration d'un manteau de splendeurs. Ils y ont déposé

---

1. Décret *Presbyterorum ordinis*, sur le ministère et la vie des prêtres, 5.
2. Constitution dogmatique *Lumen Gentium* sur l'Église, 11.
3. Décret *Christus Dominus* sur la charge pastorale des évêques, 30.

aussi des couches de poussière ; ils y ont inséré des habitudes qui, par la suite, ont pris le masque de principes. Si les apôtres assistaient aujourd'hui à l'une de nos messes, ils y reconnaîtraient difficilement le repas pascal qu'ils célébrèrent au Cénacle avec le Seigneur. Mais pareillement, si Moïse avait assisté à la Cène de Jésus, n'aurait-il pas eu également des difficultés à y reconnaître la Pâque qu'il célébrait jadis ? Telle est la loi : tout ce qui est vivant — et la célébration liturgique l'est au plus haut degré — est en constante évolution.

Dans une cathédrale, certains éléments — tels les piliers qui portent la voûte — sont essentiels, constitutifs pourrait-on dire : on ne peut les enlever sans que l'édifice tout entier ne s'écroule. D'autres éléments — les statues par exemple — sont accessoires, parfois simplement décoratifs ; on peut les changer de place, les remplacer, les enlever, ou encore les remiser au musée des souvenirs sans porter atteinte à la solidité de l'édifice. Dans la cathédrale de la célébration eucharistique, Vatican II a restauré et dégagé les éléments constitutifs — les piliers — de la célébration. La structure de la célébration est apparue plus simple, plus lumineuse, plus belle. Vatican II a aussi dépoussiéré les éléments accessoires — les statues —, en a restauré certains, en a remisé d'autres au musée des souvenirs, a démasqué aussi des habitudes qui s'y étaient installées comme à demeure et prétendaient y rester comme des principes.

Nous prenons la messe telle que le Concile l'a restaurée. Nous garderons l'œil ouvert et admiratif sur toute splendeur. Nous visiterons aussi le musée des souvenirs. Nous savons enfin qu'aucune réforme n'est parfaite et que la liturgie, comme l'Église elle-même, reste soumise à la loi de ce que le Concile appelait avec hardiesse et magnificence la « réforme permanente [4] ».

---

4. Décret *Unitatis Redintegratio* sur l'œcuménisme, 6.

Structure d'ensemble
de la messe

E N suivant les rites de la messe pas à pas, on risque parfois de s'enliser dans les détails et de ne plus percevoir la structure d'ensemble de la messe. Quelle est cette structure?

Au cours des âges, on a pu souligner tantôt l'aspect sacrificiel (la messe est le mémorial du sacrifice de la croix), tantôt l'aspect eucharistique (la messe est l'action de grâce de la communauté chrétienne), tantôt la Présence réelle (la présence du Christ dans le pain et le vin eucharistiés), parfois même la splendeur cérémonielle (la messe est, à l'imitation des cours royales, la célébration du Roi céleste). Ces aspects ont chacun une part de vérité; ils répondaient aux préoccupations théologiques des époques. Mais si on fait abstraction des fluctuations de l'histoire, que peut-on dire en se référant uniquement à l'Écriture?

En instituant l'Eucharistie, Jésus avait dit : « Ceci est le sang de l'Alliance nouvelle [1]. » Jésus se

_____

1. « Cette coupe est la nouvelle Alliance en mon sang » (Luc 22,20).

réfère donc explicitement à l'Alliance ancienne [2], celle-là même que proclamait Moïse au Sinaï lorsqu'il disait : « Ceci est le sang de l'Alliance que Yahvé a conclue avec vous » (Exode 24,8).

La célébration de l'Alliance du Sinaï

La célébration de cette Alliance comporte d'une part la *proclamation de la Parole* et son acceptation par le peuple : « Moïse prit le livre de l'Alliance et en fit la lecture au peuple qui déclara : Tout ce que Yahvé a dit, nous le ferons et nous y obéirons » (Exode 24,7).

Elle comporte d'autre part le *sacrifice de l'Alliance*, c'est-à-dire l'immolation des victimes (Exode 24,5) et le repas de communion : « Ils contemplèrent Dieu. Ils mangèrent et ils burent » (Exode 24,11). Ces deux éléments, célébration de la Parole et sacrifice de l'Alliance sont intimement unis entre eux, en ce sens que la célébration de la Parole est le fondement sur lequel se bâtit l'Alliance. Moïse dit : « Ceci est le sang de *l'Alliance que Yahvé a conclue avec vous moyennant toutes ces paroles* » (Exode 24,8).

---

2. Exode 24,3-11 décrit la conclusion de cette Alliance non pas telle qu'elle s'est passée sur le plan de l'histoire, mais telle que la tradition l'a reconstruite à partir des différentes sources. — Voir l'analyse de D. Doré, « Un repas d'Alliance » dans *Ancien Testament, approches et lectures,* coll. « Le point théologique », n° 24, Beauchesne, 1977, pp. 147-171, qui envisage le rite d'alliance « au niveau d'une lecture globale du ch. 24 de l'Exode » (p. 168).

La célébration de l'Alliance nouvelle

Comme celle du Sinaï, la célébration de l'Alliance
nouvelle comporte d'une part la proclamation de la
Parole de Dieu : « Jésus enseignait dans les syna-
gogues et proclamait la Bonne Nouvelle du
Royaume » (Matthieu 4,23).
Elle comporte d'autre part le sacrifice de l'Alliance,
c'est-à-dire la mort et la résurrection de Jésus, et le
repas de communion : « Prenez et mangez. Ceci est
mon corps... qui est donné pour vous... Cette
coupe est la nouvelle Alliance en mon sang [3]. »
Comme dans l'Alliance du Sinaï, Parole et sacrifice
sont intimement unis entre eux. Jésus meurt pour
la Bonne Nouvelle qu'il proclame. Et les apôtres
communient au corps qui est donné pour eux, au
sang qui est versé pour la multitude [4].

La messe de la communauté chrétienne

Comme l'Alliance ancienne célébrée par Moïse,
comme l'Alliance nouvelle célébrée par Jésus, la
messe de la communauté chrétienne comprend
d'une part la célébration de la parole — ce sont les
lectures de chaque messe — et, d'autre part, la célébration du sacrifice de Jésus, c'est-à-dire le mémorial de sa mort et de sa résurrection, ainsi que le
repas de communion dans la réception du pain et
du vin eucharistiés. Ces deux parties sont intime-

---

3. On regroupe ici Matthieu 26,26 et Luc 22,19-20.
4. Matthieu 26,26-28.

ment unies entre elles, elles sont, chacune pour sa part, constitutives de l'Alliance. Dans chaque messe retentit la parole de Moïse au Sinaï : « Ceci est le sang de l'Alliance que Yahvé a conclue avec vous moyennant toutes ces paroles. » Vatican II résume ainsi cet enseignement : « Les deux parties qui constituent en quelque sorte la messe, c'est-à-dire la liturgie de la Parole et la liturgie de l'Eucharistie, sont si étroitement unies entre elles qu'elles constituent un seul acte de culte [5]. »

Ce *seul acte de culte*, c'est la célébration de l'Alliance.

La communauté chrétienne a perçu avec joie les changements que le Concile a introduits dans la célébration de l'Eucharistie proprement dite. Mais elle a surtout remarqué la nouveauté des lectures de la Parole de Dieu. Elle a accueilli cette nouveauté avec enthousiasme. Elle progresse — non sans une certaine lenteur, a-t-on parfois noté — dans la vraie tradition de l'Église qui est de vénérer la Parole autant que l'Eucharistie. C'est bien ce qu'enseigne Vatican II : « L'Église a toujours vénéré les divines Écritures comme elle l'a fait aussi pour le Corps même du Seigneur [5]. »

Sur ce chemin de vénération, il reste encore une longue route à parcourir. Mais c'est une route d'émerveillement, car, comme les disciples d'Emmaüs, on fait la route avec le Christ.

Nous avons ajouté à notre étude quelques références techniques. Elles ne veulent pas encombrer le

5. Constitution *Dei Verbum*, sur la Révélation divine, 21.

lecteur[6]. Elles sont données simplement parce que l'honnêteté oblige d'indiquer avec précision les sources utilisées. Nous aimerions que le lecteur puisse faire le même chemin d'émerveillement que nous et, s'il le désire, arriver aux mêmes conclusions.

6. On trouvera en fin de volume, p. 149, un glossaire expliquant les mots techniques.

1. Les rites d'ouverture

Le chant d'entrée

LA célébration du « sommet de la vie chrétienne » commence par un chant.

On chante d'ailleurs beaucoup à la messe. Jadis, le chant était canalisé dans des rives rubricales très précises. Aujourd'hui, quelques voies d'eau s'étant produites dans les rives, le chant s'étale plus librement tout au long de la célébration.

On se trouve d'ailleurs en bonne tradition. On chantait déjà à la toute première messe : rapportant le repas pascal, les Évangiles (Matthieu 26,30 et Marc 14,26) notent que Jésus « chanta les hymnes » *(hymnèsantes)* avec ses apôtres. Il s'agit des chants du Hallel, c'est-à-dire des Psaumes 113 à 118, qui clôturaient le repas pascal.

A Rome, le chant d'entrée lui-même semble remonter au milieu du VIe siècle (selon l'Ordo I qui date sans doute de la fin du VIIe siècle [1]). Il consistait

---

1. L'*Ordo* (sous-entendu : *missae*, de la messe) est le livre qui

alors en une antienne *(Antiphona ad Introitum)* qui
était alternée avec les versets d'un Psaume.

C'est ici que l'on peut se poser la question de ce
qu'on appelle la « fonction ministérielle », question
fondamentale qui concerne tous les chants et même
tous les rites de la liturgie. La Constitution sur la
Liturgie (n° 112) et l'Instruction *De musica in Sacra
Liturgia* du 5 mars 1967 (n°s 1 et 2) affirment que
la musique dite « sacrée » remplit un *munus ministeriale*, littéralement un « ministère ministériel »,
une *fonction ministérielle* comme on traduit généralement. Qu'est-ce à dire ?

Le mot *munus* signifie charge, fonction, office.
L'adjectif *ministeriale* vient aussi de *munus*. La
fonction ministérielle du lecteur, c'est sa charge : il
doit lire. La fonction ministérielle du calice, c'est
de contenir le vin consacré. Quelle est la fonction
ministérielle du chant ? Poser cette question, c'est
poser la question très simple qu'un enfant poserait
à son père devant un objet dont il ignore l'usage :
« A quoi ça sert ? » Un introït à quoi ça sert ? Car
il est évident que nous n'avons pas été baptisés pour
chanter des chants d'entrée.

Poser la question de la fonction ministérielle — « A
quoi ça sert ? » — c'est placer la hache de l'inter-
rogation à la racine du rite ou du chant. Car il est
évident que si cela ne sert à rien, ou encore si cela

---

décrit l'*ordre* à suivre pour la célébration *de la messe* ainsi que
le détail des cérémonies. Le plus ancien *Ordo* connu est l'*Ordo
Antiquus Gallicanus* (Ed., Pustet, Regensburg, 1965) du VIe siècle ; le plus récent est celui qui fut promulgué le 6 avril 1969, après
Vatican II.

sert de travers, il faut couper le rite ou le chant à
sa racine.

La tradition, relayée par le magistère, c'est-à-dire
l'autorité compétente de l'Église, et aussi par le bon
sens populaire chrétien, a découvert et souligné plusieurs fonctions ministérielles [2] : le chant est un élément de solennisation (on chante davantage dans les
messes dites solennelles) ; il revêt la célébration de
beauté (ce qui est le devoir essentiel de tout art, et
particulièrement de la musique) ; il exprime l'unité
de la communauté célébrante. C'est principalement
cette fonction d'unification que remplit le chant
d'entrée. L'instruction romaine sur *la Musique dans
la sainte Liturgie* (n° 5) affirme : « L'unité des
cœurs est plus profondément atteinte par l'unité des
voix. »

Tant que Pierre et Paul, Marie et Marguerite, se
trouvaient hors de l'Église — précisons : hors de
l'église-bâtiment — ils formaient, certes, le Corps
du Christ, mais de manière invisible. Ils restaient
dispersés dans leurs multiples occupations personnelles, ils se barricadaient parfois dans l'autonomie
royale de leur personne. Maintenant qu'ils se rassemblent en Église, ils forment le Corps visible du
Christ, ils manifestent, comme dit Vatican II,
« l'Église visible établie dans l'univers [3] ». Le
chant d'entrée est la toute première expression de
cette unité visible.

---

2. Voir L. Deiss, *Concile et Chant nouveau*, Éd., du Levain,
Paris, 1969, pp. 11-30, où l'on trouvera tous les textes du
magistère.
3. Constitution *Sacrosanctum Concilium* sur la sainte Liturgie,
n° 42.

En résumé : au début de la messe, on chante pour
exprimer l'unité de la communauté et parce que le
chant revêt de beauté la célébration. Mais si la qualité du chant ne dépasse pas la qualité du silence
qu'il prétend remplir, ou encore s'il divise la communauté — d'un côté la chorale ou le soliste, qui
chante, d'un autre côté les fidèles muets — il est
préférable de se taire. Que de belles occasions de se
taire ont été gâchées dans la nouvelle liturgie, ou
encore ont été polluées par des chants médiocres !
Et que de magnifiques célébrations ont été bâties
chaque fois que rite et chant atteignaient pleinement
leur fonction ministérielle !

L'Ordo I note que le chant de l'Introït commence
quand s'organise l'entrée des ministres et qu'il
s'achève quand se termine la procession [4]. Lorsque
le prêtre, représentant le Christ, se joint à la communauté célébrante, alors l'Église, Corps du Seigneur ressuscité, avec sa tête et ses membres, est
signifiée dans sa totalité.

Le chant n'est pas toujours possible. Il n'est même
pas toujours souhaitable, par exemple quand la
communauté, très réduite, n'est pas capable de
chanter avec dignité. Il peut être remplacé également par d'autres rites. En Afrique, à l'époque de
saint Augustin, la messe commençait par la saluta-
tion de l'évêque que suivaient immédiatement les
lectures. Aujourd'hui, à l'office du Vendredi Saint,
la célébration commence par une adoration silen-

---

4. R. Cabié, *L'Église en prière,* t. II : *L'Eucharistie,* Desclée,
1983, p. 67. On trouvera dans cet ouvrage toutes les références
techniques.

Le début de la messe de Pâques en 426
à Hippone, du temps de saint Augustin

Paul et Palladia, frère et sœur, sont guéris
miraculeusement juste avant la messe de Pâques du
dimanche matin. Augustin raconte :

De toutes parts, l'église s'emplit de cris d'allégresse
et d'action de grâces. On accourt à l'endroit où je
me trouvais assis, tout prêt déjà à m'avancer.
Chacun se précipite l'un après l'autre, le dernier
me raconte comme nouveau ce que le premier
m'avait déjà appris. Tout joyeux, je rendais grâces
à Dieu en moi-même, quand survient le jeune
homme lui-même, bien entouré ; il se jette à mes
genoux et se relève pour recevoir mon baiser.
Nous nous avançons vers le peuple : l'église était
comble, elle résonnait de cris de joie : Grâces à
Dieu ! Louange à Dieu ! personne qui restât muet :
de droite, de gauche, partaient des cris !
Je salue le peuple : les acclamations reprennent
avec une ardeur redoublée.
Le silence s'était enfin rétabli, on lut le passage
des divines Écritures qui a trait à la fête.

La cité de Dieu, *22,8,22*
trad. G. Bardy
Œuvres de Saint Augustin, *37 (1960), p. 593.*
Cf. R. Cabié, op. cit., p. 66.

---

cieuse : le prêtre et le diacre se prosternent devant
l'autel. Mais ce qui est désirable dans tous les cas,
c'est que la communauté manifeste qu'elle entre
dans la célébration. Et de même que le prêtre se

revêt d'une aube, c'est-à-dire d'un vêtement de prière, pour présider la messe, ainsi la communauté doit habiller son cœur d'un vêtement de prière pour se préparer à rencontrer le Dieu de sa louange et de son amour.

Le premier geste du prêtre

Le premier geste du prêtre est la vénération de l'autel : il s'incline devant l'autel et le baise.

L'autel est non seulement « le centre de l'action de grâce [5] », la table où se célèbre le « repas seigneurial » (1 Corinthiens 11,20), mais en même temps le signe du Christ Jésus au milieu de la communauté. « *Altare Christus est* », affirme la tradition, « l'autel est le Christ [6] ».

Le baiser à l'autel est un geste de vénération et de tendre respect. Il exprime en même temps une attitude d'adoration envers le Christ. Dans l'antiquité, on portait la main à la bouche (*ad-os* — d'où le mot « adoration ») pour envoyer un baiser à quelqu'un, ou encore on portait à sa bouche le bord du vêtement de celui qu'on veut honorer (geste encore en usage en Orient). Un graffiti au Palatin, à Rome, qui veut brocarder la foi chrétienne,

---

5. *PGMR*, 259. — *PGMR* est l'abréviation généralement utilisée pour *Présentation Générale du Missel Romain* qui a paru dans *Préliminaires du Missel Romain*, Éd., Droguet-Ardant, 1969. — *PGMR* traduit l'*Institutio Generalis Missalis Romani* qui a paru dans *Ordo Missae*, Editio typica, Vatican, 1969.
6. *Ordo dedicationis Ecclesiae et altaris*, (cérémonial pour la dédicace d'une église et d'un autel), *4,4*.

montre un fidèle envoyant un baiser à un homme
à tête d'âne, pendu à une croix, avec la mention :
« Alexamenos adore (littéralement : vénère la divinité de) son Dieu. » Plus loin, on trouve aussi la
signature : « Alexamenos fidèle. »
Le prêtre va diriger la célébration ; mais il manifeste
d'abord, devant toute la communauté, son amour
et son adoration envers le Christ Seigneur qui a
séduit son cœur. Il n'est lui-même qu'un serviteur
parmi tant d'autres : il assume simplement un
ministère particulier, celui de la présidence.

La première parole du prêtre

Le prêtre commence par saluer l'assemblée. Trois
formules sont proposées. La première, de forme trinitaire, est empruntée à 2 Corinthiens 13,13 :

> *La grâce de notre Seigneur Jésus Christ,*
> *l'amour de Dieu le père*
> *et la communion de l'Esprit Saint*
> *soient toujours avec vous.*

Les deux autres formules sont christologiques,
c'est-à-dire centrées sur le Christ. La seconde est le
traditionnel : *Le Seigneur soit avec vous*. La troisième est empruntée à Ephésiens 1,2 :

> *Que Dieu notre Père*
> *et Jésus Christ notre Seigneur*
> *vous donnent la grâce et la paix.*

Le souhait : *Le Seigneur soit avec vous*, revient
encore deux fois dans la célébration : une fois pour

introduire la louange de la préface et une dernière fois avant la bénédiction finale. C'est sans doute, pense-t-on, la formule la plus banale. Mais c'est en fait la plus significative. Elle exprime en effet le mystère même de Jésus, l'Emmanuel : Dieu-avec-nous.

En commençant son Évangile, Matthieu avait souligné le mystère du Christ : « On lui donnera le nom d'Emmanuel, ce qui se traduit : Dieu-avec-nous » (1,23). Et en le concluant, Matthieu affirme une nouvelle fois ce mystère : « Je suis avec vous — dit Jésus — tous les jours jusqu'à la fin des temps » (28,20). Toute la vie de Jésus et tout le message de son Évangile se résument dans cette double affirmation de la présence de l'Emmanuel. Ces deux affirmations sont comme les deux piliers sur lesquels repose l'arche qui permet à la communauté de passer de la naissance de Jésus à sa résurrection. En affirmant pareillement le mystère de l'Emmanuel au début et à la fin de la messe, la liturgie affirme que toute la célébration eucharistique est fondée sur l'Emmanuel et que la communauté, transfigurée en Corps du Christ, devient à son tour « Emmanuel » pour le monde.

Si le Seigneur est ainsi avec la communauté célébrante, on peut répondre aux deux questions suivantes. Qui célèbre la messe ? Jadis, on répondait : le prêtre. En réalité, il faut répondre : la communauté avec son prêtre, chacun célébrant à son rang. Seconde question : Qui préside la célébration ? Jadis, on répondait : le prêtre. En réalité, il faut répondre : le Christ.

Relevons à ce propos que la première édition du

nouvel Ordo de la messe, en 1969, parlait du « célébrant » pour signifier le prêtre, comme si la communauté elle-même ne célébrait pas aussi. La seconde édition, en 1970, a heureusement corrigé cette confusion et, pour désigner le prêtre, elle dit *sacerdos celebrans*, le prêtre célébrant [7]. Preuve qu'un texte très officiel, en une année, est capable de se convertir à une saine théologie.

La préparation pénitentielle

L'Église tout entière, jusque dans ses membres les plus pécheurs, est sainte, « pure et immaculée » (Ephésiens 5,27). Elle est sainte de la sainteté même de Jésus. Elle est sans péché, mais non pas sans pécheurs. Sa sainteté consiste précisément à se reconnaître pécheresse afin de pouvoir accueillir le pardon de Jésus. Il est donc normal que la célébration chrétienne comporte la reconnaissance et le pardon des péchés. Lorsque Yahvé se révèle à Isaïe dans la gloire du Temple et l'appelle à son service, le prophète gémit : « Malheur à moi, je suis perdu, car je suis un homme aux lèvres impures » (Isaïe 6,4). Lorsque Jésus invite Pierre à quitter les poissons de son lac et à le suivre, Pierre soupire : « Éloigne-toi de moi, car je suis un pécheur » (Luc 5,8). Lorsque la communauté entre dans la célébration, elle supplie pareillement :

---

7. Voir le recueil des textes officiels sur la réforme liturgique depuis Vatican II : *Enchiridion Documentorum Instaurationis Liturgicae*, Marietti, 1976, p. 483.

> *Seigneur, accorde-nous ton pardon.*
> *Nous avons péché contre toi.*

L'Ordo propose plusieurs formes, au choix, de préparation pénitentielle. La plus commune est celle du *Kyrie eleison* (qui est en grec).

L'origine du *Kyrie* se perd dans la brume qui recouvre l'ancienne liturgie. On pense savoir que les trois *Kyrie, Christe* et *Kyrie* se fixèrent au VIIIe siècle. Primitivement, les invocations s'adressaient au Christ. Par la suite, on leur donna une orientation trinitaire : le premier *Kyrie* était censé s'adresser au Père, le *Christe* tout naturellement au Christ, et le dernier *Kyrie* au Saint-Esprit. La réforme liturgique a redonné au *Kyrie* sa dimension christologique.

Cette préparation pénitentielle rappelle à la fois les préparations privées que les ministres faisaient avant de commencer la célébration, préparation que le peuple aura aimé partager, ou encore les « apologies », protestations d'indignité et de repentir, qui ont envahi toutes les liturgies et dans lesquelles le prêtre affirme hautement qu'il est misérable. D'où vient que ce rite pénitentiel ne fut pas toujours reçu avec grande ferveur dans les milieux liturgistes, et qu'il n'entra dans la messe qu'après de fortes discussions [8] ?

Ce n'est pas la reconnaissance des péchés qui alourdit la célébration. C'est la surabondance des formules pénitentielles qui, envahissant la messe, casse le rythme de la célébration. Qu'on en juge :

— La communauté commence par le *Confiteor*, « Je confesse à Dieu ». Elle y reconnaît qu'elle a beaucoup péché, *en pensée, en parole, par actions et par omission.* Elle insiste : *Oui j'ai beaucoup péché.* Le prêtre lui déclare

---

8. Voir B. Botte, *Le mouvement liturgique*, Desclée, 1973, p. 180.

Prière du Kyrie

à l'office du soir à Jérusalem,
à l'église de la Résurrection
vers 381/382

*Quand on a fini de dire les Psaumes et les
antiennes selon l'usage, l'évêque se lève et se tient
devant la grille, c'est-à-dire avant la grotte. L'un
des diacres fait mémoire de personnes, comme
c'est l'usage. A chaque nom des personnes, des
enfants, en grand nombre, qui se tiennent là,
répondent constamment* Kyrie eleison, *ce que nous
disons :* Prends pitié, Seigneur, *et leurs voix sont
innombrables.*

Egérie,
Journal de voyage, *24,4.*

alors le pardon de la part de Dieu : *Que Dieu tout-
puissant vous fasse miséricorde, qu'il vous pardonne nos
péchés et vous conduise à la vie éternelle.* On pense donc
que l'affaire est réglée...
— Du tout. Comme si de rien ne s'était passé, on remet
tout en question et on recommence à implorer une nouvelle fois la pitié du Seigneur dans le *Kyrie* : *Seigneur,
prends pitié.*
— On entre dans la joie du *Gloria.* Nouveau nuage pénitentiel dans le ciel de la louange. On y chante : *Agneau
de Dieu qui enlèves le péché du monde, prends pitié de
nous.*
— On profite du lavement des mains pour supplier à
nouveau : *Lave-moi de mes fautes, purifie-moi de mon
péché.*
— Dans le *Notre Père,* on prie comme Jésus nous l'a
demandé : *Pardonne-nous nos péchés, comme nous par-
donnons à ceux qui nous ont offensés.*

— Dans la prière avant la communion, on insiste une nouvelle fois : *Seigneur Jésus Christ, que ton corps et ton sang me délivrent de mes péchés*, et encore : *Que cette communion n'entraîne pour moi ni jugement, ni condamnation*.

— Cette prière s'enchaîne directement à celle de l'*Agneau de Dieu* qui enlève, une nouvelle fois, le péché du monde. Trop, c'est trop.

Et comme on ne peut pas toujours répéter les mêmes gestes avec la même vérité, la prière pénitentielle se trouve parfois rabaissée au niveau d'un simple rite : c'est l'humiliation suprême qui puisse atteindre la prière.

Relevons que l'ancien rituel de la messe avait des formules encore plus lourdes. La prière de l'offertoire *Suscipe sancte Pater* portait : *Reçois, Père saint... cette offrande immaculée que moi, ton indigne serviteur, je t'offre pour mes innombrables péchés, offenses et négligences.*

Entrant dans l'église de Saint-Étienne-du-Mont, place Sainte-Geneviève à Paris, je suis ébloui par cette symphonie de pierres. Une merveille de mesure et d'harmonie. J'admire aussi les chapelles des bas-côtés. Dans chaque chapelle, un confessionnal. Énorme, en bois sculpté, à trois places ! J'en ai compté huit. C'est beaucoup. Mais ces confessionnaux donnent bien une certaine vision de l'Église qui se délectait jadis à se reconnaître pécheresse. La surcharge en formules pénitentielles — comme la surcharge en confessionnaux — risque de défigurer à la fois l'image de l'Église et de sa célébration. Celle-ci, au lieu d'être la joyeuse action de grâce de la communauté ressuscitée avec le Christ, risque de se transformer en lamentation individuelle et collective.

Comment alors célébrer le rite pénitentiel pour qu'il ne devienne pas une introspection culpabilisante, larmoyante et moralisante ? En le transformant en une acclamation à la miséricorde de Dieu.

En fait, le cœur de la célébration du pardon, ce n'est pas la préparation pénitentielle, mais la célébration de l'Eucharistie elle-même. C'est dans les paroles de la consécration que Jésus nous déclare son pardon et nous le donne : *Ceci est la coupe de mon sang, le sang de l'Alliance nouvelle et éternelle, qui sera versé pour vous et pour la multitude en rémission des péchés.* Voilà le pardon pour lequel nous rendons grâce dans l'Eucharistie. La confession elle-même n'est pas tant la confession-reconnaissance de nos péchés, mais bien plutôt la confession-reconnaissance de la miséricorde pardonnante de Dieu, la louange de son amour, l'acclamation de son salut. La préparation pénitentielle n'est pas une sorte de paillasson où nous nous essuyons les pieds avant d'entrer au sanctuaire de la sainteté de Dieu. Elle est plutôt déjà l'action de grâce pour le pardon que nous ne cessons de recevoir. L'Ordo explique : « Le *Kyrie* est un chant par lequel les fidèles acclament le Seigneur et implorent sa miséricorde. » Il faut comprendre : Le *Kyrie* est un chant par lequel les fidèles acclament... sa miséricorde [9].

Kyrie en grec ou « Seigneur, prends pitié » ?

La traduction *Seigneur, prends pitié, O Christ, prends pitié,* n'est pas une merveille. On l'a critiquée à bon droit et on cherche des équivalences (les traductions allemandes, italiennes, espagnoles, anglaises, ne valent guère mieux). A vrai dire, je ne trouve pas que ces traductions soient moins euphoniques que le grec *Kyrie eleison* qui comporte trois fois le son *é*. Je regrette néanmoins ces traductions et préfère incontestablement le *Kyrie* grec. Je m'explique.

---

9. *PGMR*, 30.

A la fin du Concile, la vague de la langue vivante a déferlé sur les plages de la liturgie avec une telle violence et une telle spontanéité qu'elle a balayé presque tous les textes en langue morte. Elle n'a épargné que quelques îlots comme l'hébreu *Amen, Alleluia, Hosanna.* Ceci s'explique peut-être comme une réaction contre la tyrannie qu'exerçait jadis le latin à l'égard de la langue du peuple. On peut relever cependant que le *Kyrie* ne peut être confondu avec un quelconque texte latin et mérite de demeurer dans la liturgie. En effet, ce texte est, dans la messe, le seul texte de la langue des Évangiles : c'est l'humble prière des deux aveugles mendiant la lumière (Matthieu 9,29), c'est l'imploration tumultueuse de Bartimée sur la route de Jéricho (Marc 10,47-48), c'est la prière audacieuse de la Cananéenne pour sa petite fille (Matthieu 15,22). La litanie du *Kyrie* est la litanie de la misère humaine implorant la pitié de Jésus sur les routes galiléennes. Ne peut-elle rester la litanie de notre misère sur la route de notre vie ? D'autre part, le *Kyrie* représente aussi symboliquement la présence des Églises d'Orient dans la liturgie romaine : c'est même la seule prière grecque que connaisse le peuple catholique.

Je sais que ces arguments sont plutôt d'ordre affectif, car on peut implorer la pitié de Jésus en français et prier en français avec nos frères des Églises d'Orient. Mais l'ordre affectif a aussi son poids.

Gloire à Dieu au plus haut des cieux

Avec l'hymne *Joyeuse Lumière* et *A toi la louange (Te decet laus)*, le *Gloria* fait partie des hymnes les plus anciennes que la piété chrétienne avait inventées en l'honneur du Christ Jésus. La liturgie orientale l'appelle « la grande doxologie », par opposition à la petite doxologie (Gloire au Père, au Fils, au Saint Esprit) par laquelle on termine ordinairement les psaumes.

Selon saint Athanase (un Père de l'Église d'Orient
mort en 373) et les Constitutions Apostoliques (un
des plus anciens textes sur la liturgie chrétienne,
vers 380), le *Gloria* figurait primitivement dans la
louange de la Prière du matin [10]. Le début reprend
l'hymne des anges à la naissance de Jésus à Beth-
léem. C'est pourquoi les évêques, vers le VIe siècle,
l'intégrèrent dans leur messe de Noël. Et comme les
prêtres aiment toujours imiter les évêques, ils s'en
emparèrent à leur tour : ce fut chose faite vers le
VIIIe siècle. C'est ainsi que ce chant entra dans la
liturgie eucharistique.
Cette hymne est l'une des plus belles de la tradition
chrétienne. Sa beauté resplendit non pas tant dans
sa facture littéraire — c'est principalement le texte
grec qui en témoigne, et aucune traduction ne peut
restituer le flamboiement de cette prose rythmée —
mais plutôt dans sa louange de Dieu. Le Père,
source de toute bénédiction, nous a prédestinés
« avant la création du monde » pour être en sa présence, dans l'éternité de son amour, de vivantes
« louanges de gloire » (Ephésiens 1,3-6). Voici
qu'au début de la messe, en chantant *Gloire à Dieu*
nous prononçons notre propre nom, nous nous
unissons aux anges pour proclamer cette gloire :
Nous te louons, nous te bénissons, nous t'adorons,
nous te rendons grâce (littéralement : *eucharistou-*
men, nous faisons eucharistie) *pour ton immense*
gloire ! Comme un bouquet de fleurs aux couleurs
les plus diverses et les plus chatoyantes, le *Gloria*

---

10. Voir L. Deiss, *Concile et chant nouveau*, Éd. du Levain,
Paris, 1968, pp. 213-216.

rassemble dans une gerbe de louange les différentes formes de la prière humaine. On glorifie Dieu comme dans la Préface, on lui rend grâce *(Eucharistoumen)* comme dans la Prière eucharistique, on implore son pardon comme dans la Préparation pénitentielle, on célèbre sa sainteté : *Toi seul es saint,* comme dans le *Sanctus.* On demande de manière générale : *Reçois notre prière.* Mais la note dominante de cette symphonie est la jubilation de la louange. On commence par *Gloire à Dieu* et on termine par une sorte d'inclusion par *Dans la gloire de Dieu le Père :* comme deux mains rassemblent un bouquet, toutes les prières diverses se trouvent rassemblées dans cette double glorification de Dieu. En tant que doxologie, le *Gloria* appartient à la forme la plus haute de la prière chrétienne. Devant la transcendance du Père qui est célébrée par les myriades angéliques, devant les merveilles du salut que Dieu fait éclater au milieu de son peuple, devant l'Eucharistie qui fait habiter le Seigneur ressuscité au cœur de la pauvreté de la communauté célébrante, que peut faire l'homme sinon répéter : *Gloire à toi, Seigneur* ! Il sait bien qu'à l'infinité de cette gloire il ne peut rien ajouter, quelle que soit la splendeur de son chant, quel que soit le balbutiement de sa prière. Mais il sait aussi que sa grandeur humaine consiste précisément à acclamer la grandeur de Dieu, à s'ouvrir au rayonnement de cette gloire pour l'Amen de toute son âme. C'est ici que la communauté, pour la première fois depuis le début de la messe, entre pleinement dans la célébration sacerdotale à laquelle elle est convoquée : « Vous êtes un sacerdoce royal, une nation sainte,

un peuple choisi, pour annoncer les louanges de
Celui qui vous a appelés des ténèbres à son admirable lumière » (1 Pierre 2,9).

Une musique « sacrée » ?

Le *Gloria* est une hymne : c'est ainsi que le présente
l'Ordo [11]. En tant que tel, il convient donc de le
chanter. Car un chant n'est un chant que s'il est
chanté : c'est là une règle de simple bon sens. On
ne devrait pas « réciter » le *Gloria*, pas plus qu'on
ne récite *A la claire fontaine*. Il intervient d'ailleurs
uniquement dans un contexte de plus grande solennisation.

Il y a beaucoup d'autres chants à la messe. On peut poser
brièvement la question : Qu'est donc la musique dite
sacrée ?
A une Sœur enseignante que je rencontrais dans une ses-
sion et à qui je demandais ce qu'elle enseignait, elle me
répondit avec un sourire : « J'enseigne les mathématiques
catholiques. » On comprend : elle enseignait les mathématiques dans une institution catholique. On peut poser
la question ? Y a-t-il une musique catholique ? Des mélodies chrétiennes ? Un rythme pieux ? Une musique
sacrée ?
Dans le passé, on parlait volontiers — surtout depuis le
XIXᵉ siècle — de musique sacrée. On trouve l'expression
dans Pie X, *Tra le sollecitudini* (1903), dans l'encyclique
de Pie XII, *Musicae sacrae disciplina* (1955) et dans son
Instruction *De Musica sacra* (1958). Mais l'histoire révèle
que l'expression est ambiguë, l'idée même d'une musique

---

11. *PGMR*, 31.

qui serait sacrée est fragile. Les maîtres de la Renaissance,
de Josquin des Prés († vers 1521) à Lassus († 1594),
écrivaient de la même encre une messe fort pieuse et un
madrigal galant. J.S. Bach lui-même († 1750), chrétien
honorable s'il en fut, a réutilisé pour son fameux
« Bereite dich Zion » de l'Oratorio de Noël, l'air qu'il
avait composé pour une cantate profane. Luther († 1546),
qui s'y connaissait en musique, écrivit beaucoup de textes de chorals sur des airs profanes. Le choral de Noël
Es kam ein Engel hell und klar est écrit sur la mélodie
d'une danse populaire : Luther prétendait qu'il n'était pas
bon que le diable eût pour lui tout seul les belles mélodies. Le plus fameux choral de la Passion *O Haupt voll
Blut und Wunden* provient d'un chant guilleret que Hans
Leo Hassler (1564-1612) avait fait paraître dans un recueil
intitulé « Jardin de plaisir des nouvelles danses allemandes », et dont les paroles, fort lestes, affirmaient : « Mon
sentiment est égaré par une vierge tendre » *(Mein Gemüt
ist mir verwirret von einer Jungfrau zart)*. J.S. Bach [12]
a cueilli la mélodie dans le « jardin de plaisir », et l'a
replantée dans l'enclos de l'Église, l'a arrachée à son
rythme de valse à trois temps en lui imposant un quatre
temps recueilli et majestueux, l'a revêtue d'un somptueux
vêtement harmonique qui, aujourd'hui encore, nous
étreint le cœur. Il n'y a donc pas de musique sacrée. Ou
plutôt, toute musique, si elle accepte de se « convertir »,
peut entrer au service de Dieu. Il y a aussi, peut-on ajouter, de la bonne et de la mauvaise musique. L'une (la
bonne) et l'autre (la mauvaise, hélas) ont été utilisées au
cours des âges dans la liturgie.
Notons enfin que la musique « sacrée » n'est pas nécessairement la musique liturgique. La *messe en si mineur*
de J.S. Bach ne peut être utilisée dans une célébration
eucharistique et son *Magnificat* n'a pas de place à l'office
du soir : pourtant l'un et l'autre sont des merveilles de
beauté et d'expression religieuse. On peut en dire autant
de certaines pièces de la polyphonie classique : un

---

12. Selon A. Schweitzer, *J.S. Bach*, Breitkopf & Härtel, Wies-
baden, 1952, p. 16.

Sanctus d'une messe de Palestrina († 1594) ou de Vitto-
ria († 1611), fût-il revêtu de mille splendeurs, ne convient
pas à la célébration liturgique, simplement parce que,
selon la liturgie, le *Sanctus* doit être l'acclamation de
toute l'assemblée.

Plutôt que de parler de musique sacrée, on préfère parler aujourd'hui de « musique rituelle » ou encore de
« musique de la liturgie chrétienne [13] ». C'est la musique
qui accomplit sa fonction ministérielle pour laquelle elle
est prévue. Ainsi l'*Ite Missa est* de la messe grégorienne
Fons bonitatis, malgré la splendeur mélodique de ses
trente-quatre notes qui se déroulent comme une guirlande
festive, convient peu à sa fonction ministérielle. Tandis
que les trois notes de *Allez dans la paix du Christ*, malgré l'humilité de la mélodie, sont bien adaptées à leur
fonction ministérielle, parce qu'elles disent clairement ce
qu'elles veulent dire.

Nécessaire beauté

L'art — la musique et le chant — est fleur de la beauté.
Il crée un environnement de splendeur. Il ouvre un chemin vers Dieu. L'Ordo note sous ce rapport que tout ce
qui sert dans la liturgie doit être digne et beau, « capable de signifier et de symboliser les réalités surnaturel-
les [14] ». Vatican II devrait marquer le bannissement de
toute musique qui n'est pas belle ou qui n'est pas bien
exécutée… Plût au ciel !

Reste le danger de l'esthétisme. Il menace sans cesse
d'envahir la paix de nos célébrations. C'est la tentation
de chercher cette beauté pour elle-même alors qu'elle est
simplement chemin vers Dieu. Danger de la chorale qui
s'enivre de ses propres accords ou rythmes — que ce soit
dans le genre Palestrina, grégorien ou guitare n'y change
rien — au lieu de servir la communauté célébrante.

---

13. Voir Duchesneau-Veuthey, *Musique et Liturgie*, Coll., Rites
et symboles, 17 (1988), pp. 23 et 130-133.
14. *PGMR*, 253.

Danger de l'architecture qui fait de la rhétorique gran-
diloquente dans de larges coulées de béton ou d'audacieuses ogives pseudo-gothiques au lieu de créer d'abord un
lieu pour l'assemblée. Danger des ornements qui dégui-
sent le prêtre en prince d'opérette et les enfants de chœur
en poupées de salon au lieu d'avoir cette première beauté
qui est d'être un habit de prière. Patiemment, il faut
déjouer les tentations de l'esthétisme et remettre la beauté
au service de la prière.

On se demande comment l'Ordo, qui a tant de choses
excellentes, a pu affirmer (certes en s'abritant derrière une
soi-disant sagesse populaire) : « Selon un ancien pro-
verbe : Il prie deux fois, celui qui chante bien [15]. »
Quelle naïveté ! Et ceux qui chantent mal ? Ou ceux qui
ne chantent pas du tout ? Et qui de nous oserait affirmer
qu'il ne s'est jamais laissé séduire par la musique au point
d'en oublier de prier ? Certes, il faut prier en chantant.
Mais on peut aussi chanter fort bien et ne pas prier du
tout. Et les chorales les plus performantes ne sont pas
nécessairement les plus priantes.

En vérité, la musique, comme toute beauté créée, est chemin vers Dieu. Elle n'est pas une demeure pour y habiter pour toujours. Elle est simplement, comme toute la
création, un prêt de son amour sur la route vers le ciel.
La beauté de la musique nous est prêtée, comme nous est
prêté aussi le rire de la flûte, l'appel de la trompette, le
déchaînement des grandes orgues, ou encore le parfum
de la rose qui fleurit l'autel, le sourire d'un enfant ou la
grâce d'une fille. Le pain de la terre aussi nous est prêté
pour que nous le transformions en pain du ciel, en
Eucharistie, en action de grâce, en louange du Père. C'est
bien ainsi que le chant du *Gloria* doit nous ouvrir à la
louange céleste : seule la grâce — et non la musique —
peut nous ouvrir ce chemin et réaliser cette transfigu-
ration.

---

15. *PGMR*, 19.

L'oraison ou la collecte

Les rites d'ouverture se concluent par l'oraison, appelée aussi collecte.

Le déroulement de cette prière présidentielle est la suivante :
— une invitation à la prière,
— un temps de silence pendant lequel chacun recommande ses intentions à Dieu,
— la prière présidentielle dans laquelle le prêtre « collecte » la prière de tous en une oraison unique.

La structure de cette prière elle-même est la suivante :
— l'invocation : *Dieu...*,
— l'anamnèse ou l'action de grâce : *qui...*,
— la demande : *donne...*
— l'affirmation de la médiation du Christ : *Par le Christ...*

Le texte de ces oraisons pose problème. Dans la réforme liturgique, on a paré au plus pressé. On a traduit, parfois dans une version élégante et racée, le latin officiel. Ces textes véhiculaient une théologie qui était sans doute parfaitement adaptée à la sensibilité du VIᵉ siècle. Ils relevaient aussi d'une esthétique littéraire ancienne, se terminaient souvent par des *cursus* (c'est-à-dire des unités rythmiques) qui balançaient agréablement la phrase latine, proposaient parfois des jeux de mots qui devaient faire les délices de ceux qui parlaient latin, mais

---

16. A titre d'exemple, sur 1030 oraisons du *Sacramentaire léonien* (un recueil liturgique romain du VIᵉ siècle), toutes, à deux exceptions près, se terminent par des clausules.

qu'aucune traduction ne pourra rendre (par exemple : *celebrando proficere, proficiendo celebrare*, c'est-à-dire progresser en célébrant, célébrer en progressant), se paraient enfin de l'auréole de la *brevitas romana* (illustrée par César : *Veni, vidi, vici*, Je suis venu, j'ai vu, j'ai vaincu). Nées en terre romaine, les oraisons portent la glorieuse marque de leur origine : sobriété, dignité, gravité. La réforme voulait d'ailleurs que les rites « soient remarquables par leur brièveté [17] ». C'est ce que sont en effet nos oraisons.

Littéralement incritiquables, théologiquement parfaites, liturgiquement correctes, nos oraisons, traduites en français, ne suscitent cependant pas l'enthousiasme. Personne ne les critique. Mais personne ne les admire. La traduction d'une langue morte, même parée de la splendeur du passé, ne crée pas nécessairement un texte vivant adapté à notre époque. L'invocation *Omnipotens sempiterne Deus*, Dieu tout-puissant et éternel, évoquait chez les anciens la majesté royale et l'infinie toute-puissance de Dieu (tel qu'il apparaît dans les peintures qui ornent l'abside de nos églises romanes, avec des yeux immenses qui scrutent l'univers) : mais qui invoque Dieu aujourd'hui en tant que Tout-puissant ? C'est donc avec raison que la plupart des groupes linguistiques rédigent — ou ont déjà rédigé — des oraisons nouvelles qui ne sont pas des traductions de textes anciens.

La communauté ratifie la prière présidentielle par l'acclamation de son *Amen*.

Amen est la francisation d'un mot hébreu dont la

---

17. Constitution sur la sainte Liturgie, 34.

racine évoque ce qui est solide, stable, vrai, fidèle. Le mot hébreu peut s'employer comme adjectif ou comme adverbe. Isaïe 65,16 parle de Dieu-amen (le grec traduit : le Dieu véritable), c'est-à-dire le Dieu sur lequel on peut s'appuyer en toute sécurité, le Dieu à jamais fidèle. Comme adverbe, *amen* signifie soit « Il en est ainsi » (Luc traduit ordinairement par *alèthôs*, en vérité), soit « Qu'il en soit ainsi » (*genoito*, que cela advienne).

La liturgie utilise l'adverbe *Amen* dans ces deux sens. Quand on affirme : « Dieu est Créateur du ciel et de la terre », (comme dans le *Credo*) ou encore : « Son amour merveilleux remplit l'univers » (comme dans le psaume 33,5) on ne répond pas : « Qu'il en soit ainsi. » Parce qu'il en est ainsi, qu'on le reconnaisse ou non. On peut simplement répondre : « Vraiment, il en est ainsi. » Tel est le sens de l'*Amen* qui suit toutes les doxologies. Mais quand on implore Dieu : « Prends pitié de nous et pardonne-nous nos fautes », on ajoute humblement : « *Amen*, qu'il en soit ainsi ! »

Dans le Nouveau Testament, *Amen* est le nom personnel de Jésus. Jean écrit dans l'Apocalypse : « Ainsi parle l'*Amen*, le Témoin fidèle et vrai » (3,14). En ratifiant les prières et la doxologie qui termine l'anaphore par *Amen*, les fidèles se rappellent qu'ils prononcent en même temps le nom de Jésus. Ils demandent l'accomplissement de la promesse de leur Seigneur : « Tout ce que vous demanderez au Père en mon nom, il vous l'accordera » (Jean 15,16). Car ils savent que leur prière, lorsqu'elle monte vers le trône de Dieu, est accueillie par le Ressuscité, « toujours vivant pour intervenir en leur faveur » (Hébreux 7,25).

2. Liturgie de la parole

V ATICAN II avait demandé « d'ouvrir plus lar-
gement aux fidèles les trésors bibliques [1] ».
Le « Conseil » pour la mise en application des
réformes se mit à l'œuvre dès la fin du Concile, en
1965. L'édition typique du nouveau *Lectionnaire*
parut le 25 mai 1969. Elle fut accueillie par la communauté chrétienne au premier dimanche de
l'Avent, le 30 novembre 1969. Le plus ancien *Lectionnaire* de l'Église romaine, contenant épîtres et
évangiles, date du VIIᵉ siècle [2]. Le nouveau *Lectionnaire* donne donc congé à un livre qui avait servi la
communauté durant douze siècles. C'est dire son
importance et sa nouveauté.

Structure du Lectionnaire

Rappelons pour simple mémoire la structure du
Lectionnaire dominical du Temps ordinaire.

---

1. Constitution sur la sainte Liturgie.
2. Selon J.-A. Jungmann, *Missarum Solemnia*, t. 1, 1956,
Aubier, Coll., Théologie, 37, p. 94.

La première lecture est tirée de l'Ancien Testament. Elle est choisie en fonction de l'Évangile. Elle illustre ce que la tradition aimait appeler la symphonie ecclésiale des deux chœurs de l'Ancien et du Nouveau Testament. Le Psaume responsorial est la réponse de la communauté à cette lecture.

La seconde lecture présente les lettres du Nouveau Testament. Elle est « continue » (ou plus exactement semi-continue), répartie sur un cycle de trois ans.

L'Évangile, semi-continu, est lu pareillement selon un cycle triennal.

Voici à titre d'exemple comment fonctionne ce schéma au 31e dimanche de l'année B :

Première lecture (non continue) : Deutéronome 6,2-6 : « Tu aimeras le Seigneur ton Dieu... »

Psaume responsorial : Psaume 17 : « Je t'aime, Seigneur, ma force. »

Deuxième lecture (semi-continue) : Lettre aux Hébreux 7,23-28. (Lecture du dimanche précédent : Hébreux 5,1-6, du dimanche suivant : Hébreux 9,24-28.)

Troisième lecture (semi-continue) : Évangile selon Marc 12,28-34 : Commandement de l'amour : « Tu aimeras le Seigneur ton Dieu. » (Lecture du dimanche précédent : Marc 10,46-52, du dimanche suivant : Marc 13,38-44.)

Relevons que l'office synagogal, qui comprenait la lecture de la Loi et des prophètes suivie de l'homélie (Actes 13,5) répartissait les lectures sur un cycle triennal selon la tradition palestinienne [3]. En répar-

---

3. Voir L. Deiss, *Vivre la Parole en communauté*, Desclée de Brouwer, 1974, pp. 126-153.

tissant les Évangiles sur un cycle triennal, le Lectionnaire s'inspire donc d'une pratique vieille de deux millénaires.

Fonction ministérielle de la célébration de la parole

Quelle est la fonction ministérielle des lectures bibliques ? En clair : pourquoi lire la Bible quand on célèbre l'Eucharistie ? Pas plus que nous n'avons été baptisés pour chanter, comme on l'a dit plus haut, nous ne l'avons été pour lire la Bible mais pour entrer dans l'Alliance avec Dieu.

Il se trouve que la plus ancienne célébration de la Parole selon la Bible coïncide très exactement avec la première célébration de l'Alliance du Sinaï selon Exode 24,1-11. La tradition a fusionné les sources élohiste et yahviste de ces récits et on ne peut plus reconstruire l'événement historique. En revanche on perçoit parfaitement l'enseignement de la tradition [4].

Il y a d'abord une *proclamation de la Parole* : Moïse prit le livre de l'Alliance et en fit la lecture aux oreilles du peuple qui déclara : « Tout ce qu'a dit Yahvé, nous le mettrons en pratique et nous y obéirons » (Exode 24,7).

Il y a ensuite *le sacrifice de l'Alliance* : Moïse prit

---

4. *Op. cit.*, pp. 23-60 et 297-308. — On appelle source yahviste la tradition biblique où Dieu est appelé Yahvé et qui date de 950, et source élohiste la tradition biblique où Dieu est appelé le plus fréquemment Elohim et qui date des IXᵉ-VIIIᵉ siècles. Le texte final tel qu'il apparaît dans la Bible est le résultat d'un travail rédactionnel qui a utilisé ces sources.

le sang (des victimes qui avaient été immolées), en aspergea le peuple et dit : « Ceci est le sang de l'Alliance que Yahvé a conclue avec vous moyennant toutes ces paroles » (Exode 24,8).

Il y a enfin *le repas de communion* : Moïse monta, accompagné des soixante-dix anciens d'Israël. Ils contemplèrent le Dieu d'Israël... Ils mangèrent et ils burent (Exode 24,9-11).

Cette structure est très exactement celle de la messe aujourd'hui. Il y a d'abord la proclamation de la Parole de Dieu. Il y a ensuite le sacrifice quand le prêtre, à la consécration, reprend les paroles de Moïse : « Ceci est le sang de l'Alliance. » Il y a enfin le « repas » de communion dans la réception de l'Eucharistie.

Vatican II a parlé de « l'importance extrême » de la Parole de Dieu [5]. Cette importance extrême, c'est celle-là même de l'Eucharistie. Résumant l'enseignement de la tradition, le Concile affirme : « L'Église a toujours vénéré les divines Écritures, comme elle fait aussi pour le Corps même du Seigneur, elle qui ne cesse pas, surtout dans la Sainte Liturgie, de prendre le pain de vie sur la table de la Parole et sur celle du Corps du Christ pour l'offrir aux fidèles [6]. » C'est pour cela que le magistère a pu parler à bon droit d'une « présence réelle » du Christ dans la parole [7]. S'il faut distinguer « les deux parties qui constituent en quelque

---

5. Constitution sur la sainte Liturgie, 24.
6. Constitution de la Révélation divine, *Dei Verbum*, 21.
7. Instruction *Eucharisticum mysterium* (du 25 mai 1967), 9, Documentation catholique, t. 64 (1967), col. 1119.

sorte la messe, c'est-à-dire la liturgie de la Parole
et la liturgie de l'Eucharistie », il faut ajouter
immédiatement que ces deux parties « sont si étroitement unies entre elles qu'elles constituent un seul
acte de culte [8] ». Et ce seul acte de culte, c'est la
célébration de l'Alliance.

Merveilleux enseignement qui, après des siècles
d'oubli ou de nonchalance, restaure la Parole à la
place que lui assignait la tradition. « Pour moi,
affirmait saint Jérôme († 419-420), j'estime que
l'Évangile est le corps du Christ et que les Saintes
Écritures sont sa doctrine. Quand le Seigneur parle
de manger sa chair et de boire son sang, cela peut
s'entendre certes du mystère (de l'Eucharistie).
Cependant, son vrai corps et son vrai sang, ce sont
(aussi) la Parole des Écritures et sa doctrine [9]. »

Le psaume responsorial : cantique de l'Alliance

Dieu parle à son peuple en réalisant pour lui des
merveilles. Le peuple répond en célébrant ces merveilles. Ainsi Dieu conduit le peuple de l'Exode à
travers la mer Rouge : Myriam la tambourinaire, à
la suite de Moïse, célèbre le Seigneur qui a jeté à
la mer cheval et cavalier (Exode 15,1 et 21). Dieu
délivre Anne de sa stérilité en lui donnant le petit
Samuel : Anne répond en célébrant le Seigneur qui
donne à la femme stérile d'enfanter sept fois

---

8. Constitution sur la sainte Liturgie, 56.
9. *In Isaiam, Prologus*. — Corpus christianorum, Series Latina,
t. 63, p. 1.

(1 Samuel 2,5). Dieu délivre Tobie de sa cécité : Tobie répond en célébrant le Seigneur qui fait lever sa lumière sur Jérusalem en même temps que dans son cœur (Tobie 13,11). Et, dans le Nouveau Testament, Dieu bénit la virginité de Marie en lui donnant de devenir mère de Jésus : Marie glorifie le Seigneur, elle exulte en Dieu son *Sauveur*, en ce *Jésus* qu'elle porte en elle.

Telle est précisément la fonction ministérielle du Psaume responsorial dans la célébration liturgique. En effet, la Parole fait mémoire des antiques merveilles, la communauté célèbre ces merveilles et les actualise au niveau de sa célébration : elle *répond* au Dieu des merveilles par le Psaume *responsorial*. On notera la structure du dialogue que le *Lectionnaire* a établie entre la Parole qui vient de Dieu et la parole qui vient de la communauté :

Parole de Dieu : Ancien Testament.
La communauté répond : Psaume.
Parole de Dieu : Lettres du Nouveau Testament.
La communauté chante : Accueil de l'Évangile.
Parole de Dieu : Évangile.
La communauté prie : Prière universelle.

La parole proclamée, disions-nous, est la parole de l'Alliance. Le psaume qui lui répond est le cantique de l'Alliance. Il prépare à l'Alliance, il y fait entrer, il chante sa grâce, il supplie Dieu de nous y garder. Pas plus qu'on ne peut remplacer l'Évangile par une parole simplement humaine, si belle fût-elle, pas plus qu'on ne peut remplacer le pain eucharistique par du pain ordinaire, on ne peut remplacer le Psaume responsorial par un cantique simplement humain, si merveilleux fût-il. Ce serait frauder dans le service de Dieu, ou encore, comme dit Paul, « trafiquer de la Parole de Dieu » (2 Corinthiens 2,17). Au lieu de rencontrer dans le psaume de l'Alliance le visage du Christ, la communauté ne rencontrerait qu'un visage humain.

Dans sa dernière apparition à ses apôtres, juste avant son Ascension, Jésus leur parle de ce qui est écrit de lui dans « la Loi, les Prophètes et les Psaumes » (Luc 24,44). Il y a donc une histoire de Jésus dans les psaumes. Chaque dimanche, la communauté est invitée à lire une page de cette histoire, à découvrir un aspect du visage de Jésus. Après de longs siècles pendant lesquels ce visage béni était occulté — parfois même par la splendeur des neumes du grégorien qui, tout en voulant le magnifier, le cachaient en fait dans l'éblouissement des mélodies — ce visage apparaît de nouveau à la communauté dans sa merveilleuse beauté. Puisse la communauté le reconnaître !

L'*Alleluia* et la procession de l'*Évangile*

Alleluia est la francisation de l'hébreu *Halelû Yah*, qui signifie Louez-Yah (= Yahvé). Il s'agit donc d'une invitation à la louange. On la rencontre au début et à la fin des Psaumes 146-150. On la trouve aussi comme chant des anges dans le liturgie céleste de l'Apocalypse (19,1.3.4.6). C'est la deuxième fois — après le *Gloria* — que la liturgie de la terre emprunte son chant aux anges. Ils reviendront une nouvelle fois dans le chant du *Sanctus*. Notre liturgie terrestre, tout ouvert sur le ciel, est habitée par les anges. Même la plus petite communauté est environnée par les myriades angéliques.

La fonction ministérielle de l'*Alleluia* — ou du chant qui le remplace pendant le Carême — est d'accompagner la procession de l'Évangéliaire [10]. L'ordonnance de ce rite dans ses lignes les plus simples se présente ainsi : le prêtre prend l'Évangéliaire, parole du Christ, de dessus l'autel, qui représente le Christ, et il le porte à l'ambon, lieu de la Parole de Dieu. Pour l'accomplissement correct de la fonction ministérielle de cette procession de l'Évangéliaire, plusieurs points sont à considérer.

L'Évangéliaire

La tradition, la sagesse du passé, nous apprend que dès les Ve-VIe siècles, la vénération chrétienne entourait d'honneur le livre qui contenait les Évangiles. Certains étaient chrysographiés, c'est-à-dire écrits sur parchemin d'or. Les couvertures étaient parfois follement somptueuses. Sur un Évangéliaire du Xe-XIe siècle offert par Charles V en 1379 et conservé à la Sainte-Chapelle, on voit scintiller 35 saphirs, 24 rubis, 30 émeraudes et 104 perles. Dans les églises byzantines, l'Évangéliaire est ordinairement le plus riche trésor. Bien sûr, il ne s'agit pas de copier la richesse du passé, mais d'imiter son esprit. L'*Ordo lectionum* écrit avec lyrisme : « L'annonce de l'Évangile constitue le sommet de

---

10. *Institutio generalis missalis romani* (Ordonnance d'ensemble du missel romain), en abrégé *IGMR*, nos 94 et 131.

la liturgie de la Parole. La double tradition de
l'Occident et de l'Orient a toujours établi une certaine distinction entre les livres de lecture. Le Livre
des Évangiles, en effet, était confectionné avec le
plus grand soin, était orné et vénéré plus qu'aucun
autre livre ou que d'autres livres de lecture. Il
convient donc souverainement qu'en notre temps
aussi, il y ait un Évangéliaire orné avec beauté et
distinct des autres livres de lecture [11]. » L'*Ordo
lectionum* est sûrement un livre optimiste qui voit
l'avenir rempli de splendeurs liturgiques...

L'exposition de l'Évangéliaire sur l'autel

Le Missel prévoit la déposition de l'Évangéliaire sur
l'autel soit au début de la messe, soit avant la proclamation de l'Évangile [12]. Cette déposition équi-
vaut pratiquement à une « intronisation ».
On sait que lors de la célébration des conciles,
l'Évangéliaire était solennellement intronisé. Cyrille
d'Alexandrie († 444) rapporte que lors du concile
d'Éphèse en 431, « le saint Synode, réuni à l'Église
dédiée à Marie, institua le Christ en quelque sorte
membre et tête du Concile. En effet le vénérable
Évangile fut placé sur un trône [13]. » Vatican II
avait repris avec magnificence ce rite d'intronisation.

Jusqu'aux IXe et Xe siècles, seuls l'Évangéliaire et
l'Eucharistie jouissaient du privilège d'être placés sur
l'autel, symbole du Christ. Il serait bon de revenir à
l'antique tradition et d'éloigner de l'autel les objets qui

11. *OLM*, 36.
12. *IGMR*, 79.
13. *Apologeticus ad Theodosium Imp.*, *PG* 76,472 CD.

L'ostension de l'Évangéliaire

Le prêtre, debout au milieu devant l'autel, élève
l'Évangéliaire et le montre (au peuple), signifiant
par là l'ostention du Sauveur quand il commença à
se manifester aux foules.
L'Hagios (le Sanctus) *trois fois répété est*
l'acclamation des anges... « Nous chantons cet
hymne après l'ostension et l'entrée de l'Évangile,
comme pour proclamer qu'en venant parmi nous le
Christ nous a placés et nous a établis dans les
chœurs angéliques. »

Nicolas Cabasilas (XIVᵉ *siècle),*
Explication de la Divine Liturgie, *20*
Sources chrétiennes, 4 bis, Le Cerf 1967,
p. 147, 149.

---

n'ont strictement rien à y faire, comme les burettes d'eau
et de vin, avec le plateau pour se laver les mains et le
manuterge, sans oublier le plastique sous le plateau...
Lorsqu'on est invité à dîner, on ne va pas se laver les
mains sur la table familiale : pourquoi certains prêtres le
font-ils alors sur la « table du Seigneur » ? (1 Corinthiens
10,21). De même, on ne dépose pas l'essuie-mains sur la
table : pourquoi alors laisser traîner le manuterge sur
l'autel ? On ne va pas non plus déposer son chapeau sur
la table : pourquoi certains évêques — que Dieu leur pardonne — y déposent-ils leurs calottes ? Plût au ciel que
ces remarques fussent inutiles !

La procession

Parmi les processions qui se déroulent à la messe,
celle de l'Évangéliaire devrait être la plus joyeuse
et la plus festive.

L'antique Ordo de la liturgie gallicane (VIe siècle) explique : « Voici que s'avance la procession du saint Évangile, telle la puissance du Christ triomphant de la mort, au milieu des chants et des sept chandeliers... Le diacre monte à l'ambon, tel le Christ au siège du Père, et de là, proclame les dons de la vie, tandis que les clercs acclament : Gloire à toi, Seigneur ! » Et après la proclamation de l'Évangile, toujours selon le même Ordo, le clergé chante le *Sanctus* comme font les saints de la liturgie céleste de l'Apocalypse pour célébrer le Christ ressuscité [14].

Le nouvel Ordo de notre messe, beaucoup moins expansif, fait honneur à la *sobrietas romana*. Il prévoit simplement que le prêtre peut être accompagné des ministres « s'il y en a », qui portent l'encens « si on le juge bon ». Il garde cependant l'essentiel du rite, la procession de l'Évangéliaire [15], pour signifier l'essentiel de notre foi, la vénération et la louange du Christ, Parole du Père.

De nombreuses communautés de par le monde ont enrichi cette *sobriété romaine* en entourant la procession de l'Évangile de fleurs, de lumières, de danses. L'homme ne vit pas seulement du pain des paroles évangéliques clairement proclamées, mais aussi d'allégresse et de beauté. Progressivement, la joie envahit nos célébrations. En dansant pour le Seigneur, ces communautés accomplissent la volonté de Dieu qui disait par son Esprit Saint : « Louez Dieu par la danse ! » (Psaume 150,4).

---

14. K. Gamber, *Ordo Antiquus Gallicanus*, Pustet, Regensburg, 1965, p. 18.
15. *PGMR*, 79 et 131.

L'ambon

Le passé avait inventé des lieux de splendeur pour proclamer la Parole. Certaines chaires de nos cathédrales sont de vrais bijoux de pierre. On ne lésinait pas non plus sur les dimensions : l'ambon de Saint-Agnello du VIᵉ siècle à Ravenne, mesure près de six mètres de longueur sur trois de hauteur ! L'ambon de Sainte-Sophie de Constantinople (reconstruit après le tremblement de terre de 558) est de la même époque. On disait que « sa masse le faisait ressembler à une tour éblouissante des feux d'innombrables pierres précieuses enchâssées dans les marbres aux teintes les plus rares et les plus éclatantes [16] ».

Faisons la part à l'hyperbole orientale. Passons aussi sur la richesse qui n'a jamais été synonyme de beauté. Mais on peut être pleinement d'accord avec ce qu'a prévu l'Ordo : « La dignité de la Parole de Dieu requiert qu'il existe dans l'Église un lieu qui favorise l'annonce de cette Parole... Il convient que ce lieu soit en règle générale un ambon stable et non un simple pupitre mobile... C'est de l'ambon que sont prononcées les lectures, le psaume responsorial et la louange pascale ; on peut aussi prononcer à l'ambon l'homélie et la Prière universelle. Il ne convient guère que le commentateur, le chantre ou le chef de chœur, montent à l'ambon [17]. »

---

16. Paul le Silentiaire, *Descriptio ambonis*, PG 86, 2251-2264. Cité par H. Leclercq, art., « Ambon » dans Dictionnaire d'archéologie chrétienne et de liturgie *(DACL)*, t. 1, col, 1333.
17. *IGMR*, 272.

Ce sont là des paroles de sagesse. L'ambon est le lieu de la Parole de Dieu, non pas des paroles humaines.

L'*Ordo lectionum* [18] ajoute : « Il faut veiller à ce que l'ambon, selon l'architecture de chaque église, s'adapte à l'autel et exprime sa relation avec lui. » En clair : la théologie des deux tables, celle de la Parole et celle de l'Eucharistie, ne doit pas s'exprimer uniquement sur le plan intellectuel, mais aussi sur le plan de l'architecture.

Beaucoup a déjà été réalisé. On a enlevé des pupitres minables qui, au lendemain du Concile, se trouvaient tout étonnés d'avoir été intronisés dans les sanctuaires et d'être traités d'ambons. On a enlevé aussi les lutrins d'une inutile majesté derrière lesquels disparaissaient le lecteur, laissant tout juste émerger sa tête entre deux ailes d'aigle. Mais le chantier reste ouvert. On rêve d'ambons simples et majestueux, vrais ostensoirs de la Parole de Dieu, en harmonie avec l'autel.

La proclamation de l'Évangile

La proclamation de l'Évangile est considérée comme le sommet de la célébration de la Parole. Certes la première lecture, celle de l'Ancien Testament, comme celle du Psaume, celle des lettres de saint Paul ou des autres textes néotestamentaires, ont la même dignité que la lecture de l'Évangile. « Les écrits de Moïse, disait saint Irénée, sont les paroles du Christ [19]. Mais c'est ici, dans la lecture

---

18. *OLM*, 32.
19. *Contre les Hérésies*, IV, 2, 3.

de l'Évangile, que se réalise avec le plus de visibilité l'enseignement du Concile : « C'est lui, le Christ, qui parle, tandis qu'on lit dans l'Église les saintes Écritures [20]. » L'Évangile couronne les autres lectures, la parole de Jésus couronne celle des prophètes : « Après avoir, à maintes reprises et sous maintes formes, parlé jadis aux Pères par les prophètes, Dieu nous parle, en ces jours qui sont les derniers, par son Fils » (Hébreux 1,1-2).

Un autre aspect du mystère de la Parole s'affirme ici avec éclat. La lecture de la Parole de Dieu n'a jamais été, ni dans la liturgie synagogale, ni dans la liturgie chrétienne, une simple lecture comme le serait la lecture des archives du Peuple de Dieu de l'Ancien et du Nouveau Testament. Certes, une telle lecture, en nous familiarisant avec le passé de l'Église, est hautement enrichissante. Mais la lecture de l'Évangile est bien plutôt une célébration du Christ. C'est bien lui en effet qu'on acclame, et non le livre, lorsqu'on dit au commencement de la lecture de l'Évangile : *Gloire à toi, Seigneur*, et à la fin : *Louange à toi, Seigneur Jésus* ! Au VIIIe siècle, l'ensemble du clergé vénérait l'Évangéliaire en le baisant. Dans certaines communautés (coptes et éthiopiennes), c'est toute la communauté qui baise le livre, comme on fait pour la croix du Christ le Vendredi saint.

Le *Missel* résume la tradition : « Il faut accorder la plus grande vénération à la lecture évangélique [21]. » Et cette vénération, c'est celle que l'on donne au Christ.

---

20. Constitution *sur la sainte Liturgie*, n° 7.
21. *PGMR*, 35.

L'homélie

Dans sa forme la plus simple, l'homélie est la traduction et l'explication de la Parole de Dieu. L'exemple le plus typique est, sous ce rapport, l'homélie que fit Esdras, prêtre et scribe, aux déportés qui étaient revenus de la captivité de Babylone. C'était, aux alentours des années 400, lors d'une célébration solennelle de la Loi à la fête des Tabernacles à Jérusalem. « Tout le peuple se rassembla comme un seul homme sur la place qui est devant la Porte des Eaux... Esdras lut dans le Livre de la Loi de Dieu, traduisant et donnant le sens. Ainsi l'on comprenait la lecture » (Néhémie 8,1.8). Esdras lisait le texte original hébreu, langue devenue archaïque parmi le peuple, surtout depuis la déportation. Les lévites le traduisaient en araméen, langue dominante en Assyrie-Babylonie, devenue langue usuelle des Sionistes de l'époque.

Sous la forme la plus haute, l'homélie est l'actualisation de la Parole de Dieu au niveau de la communauté célébrante. L'exemple le plus typique est ici l'homélie de Jésus à la synagogue de Nazareth. Après la lecture du livre d'Isaïe, Jésus commence son homélie par ces paroles : « Aujourd'hui s'est accomplie cette parole que vous venez d'entendre » (Luc 4,21).

Malgré les quatre siècles qui les séparent, ces deux homélies se rejoignent en ce sens que le but de l'homélie sera toujours de traduire la Parole de Dieu en montrant son actualité.

L'homélie : parole de Dieu

Le grec *homilia* signifie *réunion, compagnie*, d'où *entretien familier*. L'homélie participe au mystère même de Jésus. Il apparaissait comme un homme familier, mais il était en même temps Fils de Dieu. L'homélie apparaît comme un entretien familier, mais elle est en même temps parole de Dieu. Certes, elle n'a pas la valeur universelle que possède la Bible dans laquelle l'Église reconnaît l'authentique Parole de Dieu. Mais elle est parole de Dieu au niveau de la communauté célébrante. La règle d'or pour l'orateur est la suivante : « Si quelqu'un parle que ce soit comme les paroles de Dieu » (1 Pierre 4,11). La règle d'or pour les auditeurs, c'est de recevoir ces paroles comme paroles de Dieu. « Vous avez accueilli la parole, disait Paul à ses Thessaloniciens, non comme une parole d'homme, mais comme ce qu'elle est vraiment, la Parole de Dieu (1 Thessaloniciens 2,13). Et de même que seul l'Esprit de Dieu peut transformer le pain de la terre en pain du ciel, ainsi seule la grâce de l'Esprit Saint peut transfigurer une parole familière d'homme en vraie parole de Dieu. Le principe de l'ancienne exégèse que formulait Grégoire le Thaumaturge († vers 270) vaut à la fois pour l'orateur et pour l'auditeur : « Il faut la même grâce à ceux qui énoncent la prophétie (c'est-à-dire la Parole divine) qu'à ceux qui l'entendent. Et nul ne peut comprendre la prophétie si l'Esprit qui a prophétisé ne lui accorde pas l'intelligence de ses paroles [22]. »

---

22. *Remerciement à Origène, XV, 179.*

Une Église biblique

La diffusion des bibles parmi le peuple chrétien est arrivée à notre époque à un niveau jamais atteint dans les âges précédents. Et pourtant, pour l'immense majorité des fidèles, c'est en fait le *Lectionnaire* qui constitue leur seule bible; les lectures de la messe, leurs seules lectures bibliques; et l'homélie, leur seule explication et actualisation de la Parole de Dieu. Il faut ajouter encore ceci: à cause du minimalisme dominical — une seule messe par semaine — les fidèles (et encore, il ne s'agit que des pratiquants) ne sont en contact avec la Parole de Dieu qu'une seule fois par semaine. C'est dire l'importance de l'homélie.

Dans ce renouvellement voulu par Vatican II, de transformer la lourde institution ecclésiale en une Église biblique — non pas une Église de biblistes dont le principal souci serait l'exégèse, mais une Église enracinée dans la Parole —, l'homélie est un « passage obligé ». Le renouvellement de nos communautés dépend en partie de la qualité de nos homélies.

Ce perfectionnement de l'homélie concerne, certes, ceux qui ont accepté le ministère de parler au nom de Dieu. Dans un certain sens, on peut même dire que chaque baptisé a accepté de parler au nom de Dieu, ne serait-ce que par l'exemple de sa vie : chaque chrétien est une parole de Dieu pour ses frères. Ce renouvellement de l'homélie concerne aussi tous ceux qui écoutent la Parole, donc l'ensemble de la communauté chrétienne. Car il y a un seuil dans la conscience de chaque baptisé que nul prédicateur ne peut franchir, le seuil où meurt le bruit des paroles humaines, et où chacun doit redire avec le petit Samuel : « Parle, Seigneur, ton serviteur écoute » (1 Samuel 3,11). Cette homélie irremplaçable, nul ne peut la faire à notre place. Elle s'écoute dans le silence et l'adoration, on l'actualise dans l'amour de l'obéissance.

La profession de foi

Dans la profession de foi, le peuple « acquiesce et répond à la Parole de Dieu qu'il a entendue dans les lectures et par l'homélie, et se rappelle la règle de foi avant de commencer à célébrer l'Eucharistie [23] ».

Dans la sensibilité populaire, le *Credo*, surtout s'il est chanté en latin dans de grands rassemblements, a une grande valeur émotionnelle et symbolique : c'est l'affirmation de l'unicité de la foi non seulement à travers les diverses communautés, mais aussi à travers les âges.

Si la foi est essentielle dans la célébration de l'Eucharistie, appelée justement « mystère de la foi », la récitation ou le chant du *Credo*, en revanche, est plutôt secondaire dans cette célébration. C'est un élément semblable à ces statues des cathédrales qu'on peut déplacer ou même enlever sans mettre en danger la solidité de l'édifice. C'est bien ce qui arrive, puisque la plupart des messes n'ont pas le *Credo*, et l'équilibre de la célébration en est plutôt amélioré.

---

23. *PGMR*, 43.

La liturgie romaine utilisait trois formes de *Credo* :
le symbole dit des Apôtres, le symbole dit de saint
Athanase (qui fut enlevé de l'Office divin en 1955)
et le symbole dit de Nicée-Constantinople qui
ajoute au symbole des Apôtres les affirmations des
Conciles de Nicée (325) et de Constantinople (381).
L'insertion du *Credo* à la messe ne se fit que len-
tement. Les formules de Nicée-Constantinople ser-
virent à barrer la route aux erreurs christologiques,
c'est-à-dire aux affirmations sur le Christ qui ne
reconnaissent pas pleinement qu'il est Dieu et
homme. A Rome, il fallut attendre le début du
XIᵉ siècle : lorsque l'empereur Henri vint à Rome en
1014, il fit pression sur le Pape Benoit VIII pour
qu'il adoptât dans la cité papale la coutume du
Credo en usage à la cour impériale [24].

Le *Credo* soulève plusieurs questions. On peut se demander si les formules de Nicée-Constantinople, marquées par
les querelles christologiques du IVᵉ siècle, sont les plus
aptes à exprimer la foi chrétienne aujourd'hui. A titre
d'exemple, est-ce que nous sommes prêts à déclarer
aujourd'hui que nous combattons les « structures de
péché » qui existent dans le monde et qui oppriment les
pauvres [25] ? Est-ce que nous croyons que les nations les
plus riches doivent venir en aide aux nations les plus pauvres ? Tel est pourtant l'enseignement de l'Encyclique *Sollicitudo rei socialis*. De telles affirmations nous
engageraient davantage que l'affirmation que le Fils est
consubstantiel au Père... Il existe d'autre part de nombreuses professions de foi dans le Nouveau Testament :

---

24. J.-A. Jungmann, *Missarum Solemnia*, t. 2, Aubier, Coll.,
Théologie, 20 (1952), p. 242.
25. Jean-Paul II, Encyclique *Sollicitudo rei socialis* sur les questions sociales, du 30 décembre 1987, n° 36.

elles ont l'incomparable dignité de la Parole de Dieu. Si les mots et les erreurs qu'ils combattent tourbillonnent dans le vent de l'histoire, seule la Parole de Dieu « demeure éternellement » (Isaïe 40,8). Notons enfin que la meilleure profession de foi est la célébration elle-même de l'Eucharistie. Les Prières Eucharistiques II et IV proposent d'ailleurs d'excellentes formules de Credo centrées non sur des discussions théologiques mais sur l'histoire du salut.

Ceci dit, il ne faut pas enlever le pain de la bouche des enfants : si une communauté se délecte à chanter le *Credo* en latin, pourquoi ne pas la laisser se rassasier de ce pain ? Surtout si elle s'engage en même temps à vivre selon l'Évangile : ce qui est la meilleure profession de foi.

La prière universelle

La restauration de la Prière universelle est sûrement l'une des meilleures réussites de la réforme liturgique. L'Ordo de la messe la présente ainsi : « Dans la Prière Universelle, le peuple, exerçant sa fonction sacerdotale, supplie pour tous les hommes... Les intentions seront habituellement pour les besoins de l'Église, pour les dirigeants des affaires publiques et le salut du monde entier, pour tous ceux qui sont accablés par une difficulté, pour la communauté locale [26]. »

Cette prière est un héritage direct de la tradition juive qui aimait ajouter à ses bénédictions des prières de demande [27]. Elle acquit une telle faveur qu'elle se multiplia démesurément. Ainsi les

---

26. *PGMR*, 45-46.
27. Voir par exemple la prière des *Dix-huit Bénédictions* ou la bénédiction qui accompagne le *Shema Israël*, dans L. Deiss, *Printemps de la Liturgie*, Éd., du Levain, 1979, pp 18-26.

Constitutions Apostoliques (vers 380) présentent,
avant la Prière Eucharistique, une prière litanique
pour les catéchumènes et une autre pour les fidèles,
et après la Prière Eucharistique, une troisième dite
par l'évêque et une quatrième dite par le diacre [28].
La multiplication de ces prières litaniques entraîna,
par la suite, une certaine dévaluation de l'estime
qu'on leur portait.

Prière universelle et Kyrie

A Rome, la Prière universelle disparut de la messe vers
le VIᵉ siècle. C'est à cette époque même que le *Kyrie*
apparut au début de la messe. Mais on n'a pas encore pu
préciser quelle était la relation entre ces deux formes de
litanie. La brume de l'histoire ne s'est pas encore dissi-
pée au-dessus de l'horizon de ces prières.
En restaurant à la fois la Prière universelle et le *Kyrie*
sous forme litanique, Vatican II met fin à quatorze siècles de nonchalance liturgique.

Prière universelle et Parole de Dieu

On trouve, après la Consécration, une autre série d'intercessions pour le Pape, les évêques, les prêtres, les défunts,
tout le peuple de Dieu.
Pour que ces intercessions ne forment pas un doublet
avec la Prière universelle, il est bon que celle-ci soit enrichie et illuminée par la Parole qui vient d'être proclamée.
L'Ordo de la messe dit fort bien : « Le peuple, nourri par
la Parole, supplie avec la Prière universelle pour les
besoins de toute l'Église et pour le salut du monde
entier [29]. »

---

28. Voir *Printemps de la Liturgie, op. cit.*, pp. 212-215 et
224-226.
29. *PGMR*, 33.

Première prière litanique
dans la tradition post-apostolique

Nous te prions, Ô Maître,
sois notre secours et notre soutien.

Les affligés, sauve-les,
les humbles, prends-les en pitié.

Ceux qui sont tombés, relève-les,
à ceux qui sont dans le besoin, révèle-toi.

Les malades, guéris-les,
les égarés de ton peuple, ramène-les.

Rassasie ceux qui ont faim,
délivre ceux qui sont prisonniers.

Relève ceux qui languissent,
console ceux qui ont peur.

Que tous les peuples reconnaissent
que tu es le seul Dieu,
que Jésus est ton Enfant,
que nous sommes ton peuple,
les brebis de ton pâturage.

> *Clément de Rome (vers 95-98)*
> Lettre aux Corinthiens, 59.

Prière universelle, mystère d'amour

Chaque église particulière, affirme Vatican II, doit
« représenter le plus parfaitement possible l'Église
universelle [30] ». Signe de l'Église universelle,

---

30. Décret *Ad Gentes*, sur l'activité missionnaire de l'Église,
n° 20.

chaque communauté doit être aussi signe de sa prière universelle. Sur chaque communauté, y compris la plus humble et la plus petite, repose donc l'avenir de l'Église et de l'humanité : elle intercède devant Dieu pour plusieurs milliards d'hommes.

Cette prière est appelée universelle non pas tant parce qu'elle prend en charge toutes les intentions de tous les membres de la communauté célébrante, mais d'abord parce que tous les membres prennent en charge les besoins de tous les hommes. Elle ne se limite donc pas à la présentation à Dieu des plaies et bosses de tous ses membres : elle est la prière catholique, c'est-à-dire universelle, de ce peuple sacerdotal pour l'univers. Entre lui-même et les nations de la terre, Dieu a placé chaque communauté chrétienne, si petite fût-elle. Entre lui-même et la peine des hommes, Dieu a placé l'intercession de la plus petite communauté. La prière universelle est le mystère d'amour qui lie cette communauté à l'univers.

Elle rejoint ainsi le mystère de l'Eucharistie. De même, en effet, que le sang du Christ est versé non pas uniquement pour le salut de la communauté célébrante mais pour celui de toute l'humanité, ainsi la Prière universelle intercède pareillement pour toute l'humanité.

Certes, les intentions particulières et personnelles ne sont pas oubliées. Elles sont d'autant mieux accueillies par Dieu qu'elles s'intègrent dans la prière universelle.

On le sait, l'oreille de Dieu est fine, si fine qu'elle discerne dans les intentions les plus générales

chaque voix qui crie vers lui, qu'elle distingue jusque dans l'immense clameur des hommes qui monte
vers son trône la plainte la plus humble, celle qui
ose à peine murmurer sa douleur, celle qui cache
son visage. « Un pauvre a crié : Dieu entend »
(Psaume 34,7), telle est la règle de la Prière universelle.

Dans la célébration de la Parole, la communauté
présente son visage à Dieu et y laisse dessiner,
comme un miroir, les traits du message divin. Dans
la Prière universelle, elle lui présente ce visage mar-
qué par la Parole. Lorsque le roi Ezéchias, au
temps d'Isaïe, reçut la lettre de Sennachérib lui
annonçant que les Assyriens allaient incendier Jérusalem et passer les habitants au fil de l'épée, il
monta au Temple, déplia la lettre devant Yahvé et
dit : « Yahvé, ouvre les yeux et regarde ! » (2 Rois
19,16). Dans la Prière universelle la communauté
présente son visage façonné par la Parole, et lui dit
pareillement : « Seigneur, ouvre les yeux et
regarde ! »

Conclusion : l'enjeu

En 1973, alors qu'il avait 80 ans, le Père B. Botte,
qui fut un grand artisan de la réforme liturgique,
écrivait : « Imaginer que l'Église ferait une brusque
mutation, après quoi elle deviendrait une communauté de saints, c'est une dangereuse illusion. Il suffit de relire le parabole de l'ivraie pour s'en
convaincre. Mais il y a une autre parabole qui me
donne confiance, c'est celle du semeur. Je crois à

la puissance de la Parole de Dieu... Il y a beaucoup de bonne terre avide de s'ouvrir à la semence de la Parole de Dieu, il suffit qu'on la lui donne. C'est ce que demande le Concile : une prédication inspirée de la Parole de Dieu, qui éclaire et nourrisse la foi des fidèles. C'est là, à mon avis, le problème le plus grand de la réforme liturgique [31]. »
Ce sont là des paroles de sagesse.

---

31. B. Botte, *Le mouvement liturgique,* Desclée et Cie, Paris, 1973, pp. 207-208.

3. Liturgie eucharistique

L ORS de la célébration de la Cène, Jésus prit du pain et du vin, prononça la prière d'action de grâce et distribua ensuite le pain et le vin à ses apôtres. La liturgie eucharistique suit le rythme de la célébration de la Cène. On y distingue donc tout naturellement trois parties : l'apport du pain et du vin, la prière d'action de grâce et enfin la distribution de la communion. L'Ordo de la messe note :

« 1. Dans la *préparation des dons*, on apporte à l'autel le pain et le vin avec l'eau, c'est-à-dire les éléments que le Christ a pris dans ses mains.
« 2. Dans la *Prière eucharistique, on rend grâce à Dieu*, pour toute l'œuvre du salut, et les dons offerts deviennent le corps et le sang du Christ...
« 3. Par la *communion*, les fidèles reçoivent le corps et le sang du Seigneur de la même manière que les Apôtres les ont reçus des mains du Christ lui-même [1]. »

---

1. *PGMR*, 48.

1. LA PRÉPARATION DES DONS

L'ancien Offertoire ressemblait à un magnifique jardin dans lequel la tradition, au cours des âges, avait planté les fleurs les plus merveilleuses, mais en dehors des parterres : tout était en fleurs, mais presque rien n'était en place.

En présentant le pain, on disait une fervente prière d'offrande *(Suscipe, Sancte Pater)* où l'on suppliait Dieu d'accueillir cette « hostie immaculée », qui n'était encore que du pain. On y ajoutait aussi une prière de pardon pour « les innombrables péchés, offenses et négligences ». On offrait ensuite « le calice du salut... pour le salut du monde entier » *(Offerimus tibi)*. Mais ce calice ne contenait encore que du vin et de l'eau.
Il y avait aussi une épiclèse *(Veni, sanctificator)* c'est-à-dire une invocation où l'on demandait à l'Esprit Saint de bénir ce sacrifice alors que les épiclèses entourent traditionnellement le récit de l'Institution.
Il y avait même une prière d'offrande adressée à la Trinité *(Suscipe Sancta Trinitas)* alors que l'antique tradition, selon le Concile d'Hippone en 393, demandait que « à l'autel, l'oraison soit toujours adressée au Père[2] ».

---

2. J.-A. Jungmann, *Missarum Solemnia*, t. 2, *op. cit.*, p. 140.

Cette prière présentait aussi une mini-anamnèse ; en effet, elle faisait mémoire « de la passion, de la résurrection et de l'ascension de notre Seigneur Jésus Christ » ce qui caractérise l'anamnèse du cœur de la Prière eucharistique elle-même. Elle demandait enfin « à la bienheureuse Marie toujours vierge, au bienheureux Jean-Baptiste, aux saints apôtres et à tous les saints d'intercéder pour nous dans le ciel ».

Il y avait une nouvelle prière de purification dans le *Lavabo* : elle s'ajoutait à la prière de pardon de *Suscipe, sancta Pater*.

Se rendant compte qu'il priait tout seul, le prêtre se retournait alors vers l'assemblée, lui demandait une aide, ajoutant que son sacrifice était aussi le leur. C'était l'*Orate, fratres*.

Toutes ces prières, belles comme des bouquets, avaient fini par défigurer le jardin de l'offertoire. La réforme a nettoyé plates-bandes et allées. Elle l'a fait avec audace et timidité. L'audace se manifeste quand elle changea le nom même d'*offertoire* en « *Préparation des dons* » : il n'était donc plus question d'offrir et d'anticiper sur la Prière Eucharistique. La timidité se révèle quand elle garde quand même le mot offertoire [3] (comme dans la mention du chant de l'offertoire). Habitués à l'ancien offertoire ceux qui ont préparé le nouveau gardaient en leur cœur, telle une cicatrice, le souvenir des antiques prières.

L'apport du pain

« C'est un usage à recommander, affirme l'Ordo, que de faire présenter le pain et le vin par les fidèles... Bien qu'ils n'apportent plus, comme autrefois, du pain et du vin de chez eux, ce rite de

---

3. *PGMR*, 49 et 50.

l'apport des dons garde sa valeur et sa signification spirituelle [4]. »

Le Missel renoue ainsi avec la plus antique tradition. Dans la première description de la Messe (vers 150), Justin note qu'après les prières et le baiser de paix, « on apporte à celui qui préside l'assemblée des frères du pain et une coupe de vin trempé [5] ». Cette coutume était chère à la piété chrétienne. Elle y reconnaissait l'exercice de son sacerdoce royal. Hippolyte († vers 235) note que les catéchumènes apportent ce qui est nécessaire pour l'Eucharistie de leur messe baptismale parce qu'ils en sont devenus dignes [6]. Augustin (354-430) rapporte que sa mère, Monique, « ne passait pas un jour sans apporter son offrande à l'autel [7] ».

A la dernière Cène, Jésus avait utilisé, selon le rituel pascal, du pain azyme, c'est-à-dire sans levain. La communauté chrétienne qui célébrait la Cène non pas une fois par an — comme la fête de Pâque — mais les dimanches et même en semaine, utilisa tout naturellement du pain de ménage. Ce pain avait parfois la forme d'une couronne, comme une natte tressée qui s'enroulerait sur elle-même, ou encore la forme d'un pain rond. Ce n'est que vers le IXᵉ siècle que le pain azyme se substitua progressivement au pain ordinaire. Il finira par s'imposer au XIᵉ siècle. Les hosties rondes que nous connaissons apparurent vers le XIIᵉ siècle quand on les découpa

---

4. *PGMR*, 49.
5. *Apologie*, 1, 65.
6. *Tradition Apostolique*, 20.
7. *Confessions*, V. 9, 17.

Bénédictions juives

Le Qiddush
du sabbat et des jours de fête

Le mot Qiddush signifie « sanctification ». C'est la
bénédiction prononcée au début de chaque sabbat et des
jours de fête, lorsque apparaissent les premières étoiles et
que la lampe du sabbat a été allumée. Elle sépare le
temps profane du temps qui est plus particulièrement
consacré à Dieu.
Elle comporte une bénédiction sur le vin, une bénédiction
du jour et une bénédiction sur le pain. Ces bénédictions
sont prononcées à table par le père de famille, entouré
des siens et des hôtes.

Bénédiction pour le vin

Tu es béni, Seigneur notre Dieu,
   Roi de l'univers,
toi qui as créé le fruit de la vigne.

Bénédiction pour la fête

Tu es béni, Seigneur notre Dieu,
   Roi de l'univers.
Tu nous as sanctifiés par tes commandements,
Tu nous as donné en héritage
le sabbat de la sainteté
   par amour et par bienveillance,
mémorial des œuvres de ta création (Lv 23,3).
Ce jour est à l'origine de tes saintes convocations.
C'est le mémorial de la sortie d'Égypte.
Tu nous as choisis parmi tous les peuples.
Tu nous as sanctifiés.
Tu nous as donné en héritage
le sabbat de ta sainteté
   par amour et par bienveillance.
Tu es béni, Seigneur, qui sanctifies le sabbat !

Bénédiction pour le pain

Tu es béni, Seigneur notre Dieu,
 Roi de l'univers,
toi qui as tiré le pain de la terre.

---

dans la galette azyme « en forme de denier [8] ».
L'usage de ces hosties arrêta la confection du pain
eucharistique par les fidèles et son apport à l'autel.
L'usage de ces hosties, quand les communions sont
nombreuses, est commode. L'usage d'une galette de
pain, dans les autres cas, est préférable. L'Ordo
note fort justement que « la vérité du signe
demande que la matière du sacrifice (donc le pain
eucharistique) apparaisse vraiment comme une
nourriture [9] ».
La prière qui accompagne la présentation du pain
est remarquable par son antiquité et sa noble
beauté :

 Tu es béni, Dieu de l'univers,
 toi qui nous donnes ce pain,
 fruit de la terre et du travail des hommes.
 Nous te le présentons :
 il deviendra le pain de la vie.

Cette prière, en effet, s'inspire directement de la
bénédiction juive que le père de famille prononçait
au début du repas sur le pain. Elle a donc été récitée par Jésus à la Cène. En la reprenant, le prêtre
continue la louange même de Jésus.

---

8. J.-A. Jungmann, *op. cit.*, t. 2, p. 30.
9. *PGMR*, 283.

L'apport du vin

A la dernière Cène, Jésus a utilisé du vin rouge. La
tradition gardera cette coutume jusque vers le
XVIe siècle. A cette époque s'instaura l'usage du
purificatoire, un linge destiné à nettoyer (à « puri-
fier » comme on dit en termes techniques) le calice.
On préférera alors le vin blanc qui tachait moins
que le vin rouge.

On veillait tout naturellement à la qualité du vin destiné
à devenir le sang du Christ. Grégoire de Tours († 594)
raconte l'histoire d'une veuve de Lyon qui, pendant un
an, fit célébrer la messe chaque jour pour son mari
défunt, apportant à la sacristie le vin nécessaire. C'était
du vin de Gaza, vin excellent, *vinum potentissimum*. Le
sous-diacre, hélas, se laissa tenter. Il en vint à boire régu-
lièrement le bon vin et à lui substituer une vulgaire
piquette, *acetum*. Comme la pieuse veuve ne communiait
pas tous les jours, elle ne s'aperçut de rien jusqu'au jour
où son mari lui apparut en songe. Il se plaignit à sa
« douce épouse », *dulcissima conjux* : tout son travail
passé ne lui valait actuellement que ce vin détestable !
L'épouse vérifia le lendemain. « Ses dents eussent claqué
si elle n'avait pas avalé au plus vite [10]. » Moralité de
l'histoire : il faut communier à la messe.

La prière pour le vin, comme celle pour le pain,
s'inspire de l'ancienne bénédiction juive que Jésus
prononça sur la coupe ;

> *Tu es béni, Dieu de l'univers,*
> *toi qui nous donnes ce vin*
> *fruit de la vigne et du travail des hommes.*
> *Nous te le présentons :*
> *il deviendra le vin du Royaume éternel.*

---

10. *Liber de gloria confessorum*, 65, *PL* 71,875 B — 876 A.

**Grande entrée
pour la messe de la nuit pascale**

*Que garde le silence toute chair mortelle,
qu'elle se tienne avec crainte et révérence,
que nulle pensée mortelle n'entre en compte.
Car le Roi des rois, le Christ notre Dieu, s'avance
pour être sacrifié et donné en nourriture aux fidèles.
Le précèdent les chœurs des anges,
avec toutes les Principautés et les Dominations,
les Chérubins aux yeux multiples
et les Séraphins aux six ailes.
Ils se voilent la face et ils chantent : Alléluia !*

Liturgie de Saint Jacques. Brightman,
Liturgies Easter and Western, *t. 1, pp. 41-42*

Les liturgies orientales ont transformé le transfert des oblats à l'autel en une procession d'une solennelle majesté. On appelle cette procession la Grande Entrée *(Mégalè eisodos)* ou encore l'Entrée des Saints Mystères ou l'Entrée des dons divins. Précédés des porte-flambeaux et environnés de volutes d'encens, le diacre et le prêtre partent de la *prothèsis*, la table où sont préparés les oblats, traversent la nef et se rendent à l'autel. Cette procession des oblats — qui remonte sans doute jusqu'au VIIe siècle — est censée symboliser l'entrée du Christ à Jérusalem où il allait souffrir et ressusciter. La chorale chante l'admirable *Chérubikon* (hymne des Chérubins) :

*Nous qui représentons mystiquement les Chérubins
et qui chantons à la vivifiante Trinité
l'hymne trois fois sainte,
déposons tous les soucis terrestres
afin d'accueillir le Roi de l'univers
escorté invisiblement des armées angéliques* [11].

---

11. Brightman, *Liturgies Eastern and Western*, Oxford, Clarendon Press, t. 1 (1896), p. 122 (Liturgie de Saint Marc).

Dans la liturgie arménienne [12], le diacre et le prêtre dialoguent le Psaume 24,7-10 :

> — *Portes, levez vos frontons,*
> *élevez-vous, portes éternelles !*
> *Qu'il entre le Roi de gloire !*

> — *Qui est ce Roi de gloire !*
> *C'est le Seigneur de l'univers !*

La liturgie romaine n'a rien inventé d'équivalent. Il y a là un chantier liturgique à ouvrir, tout en demeurant dans la *sobrietas romana*.

Le mélange d'eau et de vin

Le coupage du vin était assez général dans l'Antiquité, tant en milieu grec qu'en milieu palestinien. C'était même parfois une nécessité quand le vin était lourd et épais. Pour le vin de Saron, particulièrement généreux, on conseillait de mélanger un tiers de vin à deux tiers d'eau [13].

Le geste d'ajouter un peu d'eau au vin n'ajoute rien à la beauté de la célébration. Pour lui donner de la valeur, on l'enrichit de différents symbolismes. Le plus ancien qui se retrouve à travers les âges en différentes variations, est proposé par Cyprien de Carthage († 258) : « Si quelqu'un n'offre que du vin, le sang du Christ se trouve être sans nous. Si ce n'est que de l'eau, c'est le peuple qui se trouve être sans le Christ [14]. »

---

12. *Op. cit.*, pp. 431-432.
13. Strack-Billerbeck, *Kommentar zum Neuen Testament aus Talmud und Midrasch*, C.H. Beck, München, t. IV, p. 58.
14. *Epist. LXIII, Ad Caecilium CSEL*, III, 711.

L'ancienne prière que disait le prêtre en versant de l'eau était l'écho d'une oraison de la liturgie de Noël [15]. Le nouvel Ordo reprend cette prière en la simplifiant : *Comme cette eau se mêle au vin pour le sacrement de l'Alliance, puissions-nous être unis à la divinité de Celui qui a pris notre humanité.* L'Ordo prévoit que le prêtre verse un peu d'eau *(parum aquae)* et qu'il dit la prière à voix basse *(secreto).*

Un rite ne remplit sa fonction ministérielle que s'il est exécuté avec clarté et qu'il est parfaitement signifiant. Est-ce le cas pour ce rite ? Est-ce qu'une petite goutte d'eau versée à la sauvette dans du vin qui, en nos régions, n'en a pas besoin, est apte à signifier avec grandeur et dignité l'« admirable échange » entre le Christ et l'humanité, échange qui nous rend participants à sa divinité et à l'éternité de sa gloire ? On peut légitimement se poser la question.

Deux prières, témoins du passé

Deux autres prières ont réussi par privilège spécial, à se maintenir dans le nouvel Ordo. Elles sont comme les organes-témoins de l'ancien Offertoire. En les maintenant, l'autorité a été plus sensible à la valeur émotionnelle d'un souvenir du passé qu'aux besoins actuels de la liturgie.

La première est un souvenir de l'ancienne prière *In spiritu humilitatis.* Elle rappelle les prières d'apologie : Incliné devant l'autel, le prêtre dit à voix

---

15. J.-A. Jungmann, *op. cit.*, t. 2, p. 339.

basse : *Humbles et pauvres, nous te supplions, Seigneur, accueille-nous. Que notre sacrifice en ce jour trouve grâce devant toi.*
La seconde prière est celle du *Lavabo*. Elle est réduite au minimum : *Lave-moi de mes fautes, purifie-moi de mon péché.* Le prêtre dit cette prière toujours à voix basse et uniquement pour lui-même, pour ses propres péchés.

Le rite du *Lavabo* est difficile à célébrer et à interpréter. Si le prêtre, parce qu'il a reçu le don des fidèles, a besoin de se laver les mains, qu'il le fasse sérieusement. Un tout petit filet d'eau coulant sur deux doigts qu'on essuie ensuite avec un manuterge, grand comme un petit mouchoir de Cholet, ne fait pas l'affaire. D'autre part, qu'il n'en fasse pas alors un acte célébratoire devant la communauté : dans notre civilisation, on ne se lave pas les mains en public, encore moins sur la table familiale, mais plutôt dans un coin, à l'écart.
En regardant les rites de l'Offertoire réformé, on a dit : « Ni satisfaction sans bornes... ni réprobation générale [16]. » Disons que ces trois dernières prières sont prévues à être dites *secreto*. Il n'y a donc pas lieu à lever la bannière pour les mettre en vedette. On peut estimer qu'elles représentent un stade intermédiaire vers une autre réforme.

Les autres offrandes : un partage fraternel

La communion au Christ se vit dans la communion avec tous nos frères. La fraction du pain du ciel qui donne part au corps du Christ inclut la fraction du

---

16. N.K. Rasmussen, « Les rites de la présentation du pain et du vin », dans *La Maison-Dieu* 100 (1969), p. 58.

pain de la terre avec tous nos frères, spécialement les pauvres et les indigents. Paul le rappelle avec véhémence lorsqu'il reproche aux Corinthiens de prétendre partager « le repas du Seigneur » sans accepter de partager leur propre repas avec les indigents : quelle est cette « Église de Dieu » où l'un a faim tandis que l'autre est ivre et où l'on fait affront à ceux qui n'ont rien ? (1 Corinthiens 11,20-22). Luc, de son côté (Actes 5,34-35) décrit la communauté primitive en termes idylliques : une communauté qui réalisait enfin l'idéal de la communauté messianique décrite en Deutéronome 15,4, dont il est dit que nul pauvre n'était dans le besoin. La communauté chrétienne hérite de la tradition juive qui pratiquait le service de la charité chaque jour en distribuant « l'écuelle des pauvres » pour les nécessiteux de passage, et, la veille du sabbat, « le panier des pauvres » pour les nécessiteux du pays [17]. Il était normal que la célébration eucharistique devînt le lieu idéal de ce partage de l'amour fraternel. Avec le pain et le vin — d'où l'on prélevait ce qui était nécessaire pour l'Eucharistie — les fidèles offraient d'autres dons pour les pauvres. La *Tradition apostolique* (vers 215) mentionne l'offrande d'huile, de fromage, d'olives, de fruits les plus divers, et même de fleurs. Tous ces dons, offerts soit aux pauvres, soit à l'évêque, étaient comme sanctifiés par l'Eucharistie que la tradition aimait à considérer « prémices de la création [18] ». A partir du XIᵉ siècle, l'argent remplaça progressi-

---

17. C. Perrot, *Jésus et l'Histoire*, Desclée, 1979, p. 296.
18. Irénée de Lyon, *Contre les hérésies*, IV, 17,5.

vement les dons en nature. La quête est un héritage de cette pratique.

Ces offrandes amenèrent parfois à surestimer le sens de l'offertoire. On offrit à Dieu tout ce qui pouvait symboliser la joie et la peine des hommes. Il y eut des excès attendrissants. A la fête de saint Fiacre, patron des maraîchers, on amenait dans le sanctuaire des brouettées de légumes ; à la fête de sainte Barbe, des grappes de lampes de mineurs ; à la fête des anciens combattants, des forêts de drapeaux. On se trouve parfois à la limite du folklore : aux canonisations, on offre au pape deux tonnelets de vin, des cierges, des pigeons et des tourterelles dans de jolies cages.

Ces célébrations de l'offertoire sont très vulnérables. Il n'est pas difficile de montrer que Dieu n'a besoin ni de légumes, ni de lampes, ni de tourterelles. Il nous le dit avec une sorte de sourire amusé :

> *Si j'ai faim, je n'irai pas te le dire,*
> *car le monde est à moi avec son contenu.*
> *Est-ce que je mange la chair des taureaux,*
> *le sang des boucs, est-ce que je le bois ?*
> (Psaume 50,12-13).

Ce que Dieu aime, c'est qu'à travers ces dons les fidèles lui rendent « *hommage* » c'est-à-dire se reconnaissent l'*homme* de Dieu en lui rendant grâce : « Offre à Dieu un sacrifice d'action de grâce » (Psaume 50,14).

Le pain et le vin

L'usage du pain et du vin, au temps de Jésus, s'inscrit dans le contexte des cultures du bassin méditerranéen. Ceci est vrai à tel point que pour dire « prendre un repas », on disait « manger du pain » (Marc 3,20). On se demande si, dans des pays pratiquant des cultures différentes, on ne pourrait pas utiliser d'autres éléments

pour célébrer l'Eucharistie, par exemple des galettes de
manioc ou de mil et du vin de palme en Afrique, du riz
et du thé en Extrême Orient. Rappelons-nous que deux
milliards d'hommes utilisent le riz comme aliment de base
et n'utilisent pas le vin comme boisson. Que l'on songe
simplement à la tradition musulmane qui est hostile au
vin : les musulmans ne sont-ils pas appelés, eux aussi, à
partager la Cène du Seigneur ?

Sur le plan théologique, le problème est le suivant : Tout
dépend de la manière dont on interprète la parole de
Jésus : « Faites ceci en mémoire de moi. » Si *ceci* signifie qu'il faut prendre du pain et du vin, l'Église n'a évi-
demment aucun pouvoir de changer la « matière » du
sacrifice eucharistique. Si *ceci* signifie qu'il faut simplement célébrer un repas, l'Église peut opérer les changements qu'elle estime souhaitables.

Quel est en ce domaine le sens de l'histoire ? Quelle évolution peut-on prévoir, désirer, espérer ? Le peuple de
Dieu, tout au long de son histoire, a toujours su assumer
les valeurs authentiquement humaines qu'il rencontrait
sur son chemin vers le Nouveau Testament et les offrir
au Christ. L'incarnation elle-même de Jésus est le sommet de cette divinisation de toutes les valeurs humaines.
Aujourd'hui même, l'inculturation, qui est l'incarnation
de l'Évangile dans les valeurs humaines, et l'acculturation, qui est l'assomption de ces valeurs pour le service
de Dieu, sont des urgences missionnaires de première
importance [19]. Le remplacement du pain et du vin n'est
qu'un tout petit problème par rapport à l'adaptation de
la liturgie — et de toute la vie chrétienne —, au monde
moderne.

A propos des tabous alimentaires de la Loi, Paul disait
déjà qu'il ne voulait pas engager des batailles sur des
questions de légumes alors que l'Évangile était en jeu
(Romains 14,2). Jésus le voudrait-il pour des questions

---

19. A. Chupungco, *Cultural Adaptation of the Liturgy*, Pau-
list Press, New York/Ramsey, 1982. — *La foi et l'inculturation*,
Document de la Commission théologique internationale, Documentation catholique 86 (1989), pp. 281-289.

de céréales et de boisson, alors que l'entrée des nations
au Royaume est en jeu, alors que son amour le rend si
proche de nous, si proche justement des plus pauvres, de
ceux qui, dans le tiers monde, n'ont que le riz, le manioc
ou le mil comme nourriture ? La réponse que l'on donne
à cette question pose le problème. Et fournit des éléments
de réponse.

La prière sur les offrandes

Une prière sur les offrandes conclut la Présentation
des dons. Le Sacramentaire gélasien [20] (vers 700)
l'appelait *Secreta*, Secrète, c'est-à-dire prière sur les
dons qui avaient été mis à part (*secreta,* de *secer-
nere*, séparer, mettre à part) pour la célébration de
l'Eucharistie.
Le sens de cette prière est bien mis en évidence par
l'oraison suivante [21] :

> *Seigneur, notre Dieu,*
> *Tu as voulu choisir dans ta création*
> *le pain et le vin*
> *qui refont chaque jour nos forces:*
> *fais qu'ils deviennent aussi pour nous*
> *le sacrement de la vie éternelle.*

La porte d'entrée dans l'offrande eucharistique

Comment résumer le sens de la Présentation du
pain et du vin?

---

20. Voir M. Michaud, *Les livres liturgiques*, Coll. Je sais -
Je crois, Ed. Fayard, 108 (1961), pp. 70-72.
21. Cité par P. Jounel, *La messe hier et aujourd'hui*, OEIL
(1986), p. 106.

La Loi demandait : « On ne se présentera pas
devant moi les mains vides... Tu apporteras à la
maison du Seigneur ton Dieu le meilleur des prémices de ton terroir » (Exode 23,15.19).
Cette loi était en même temps une prophétie. Elle
annonçait l'Eucharistie : nous nous présentons au
Père, les mains pleines de cette offrande parfaite
qu'est le Christ Jésus, prémices de notre terre.
La Présentation des dons est la porte d'entrée dans
cette offrande de l'Eucharistie.

2. LA PRIÈRE EUCHARISTIQUE

A. Introduction

Anaphore, Canon, Prière eucharistique

Pour désigner la Prière eucharistique, les liturgies orientales emploient de préférence le mot *anaphore*. Le grec *anaphore* signifie *ascension, élévation,* d'où le sens plus général d'offrande à Dieu.

La tradition romaine utilisait le mot *canon*. En grec, *kanôn* signifie règle, comme dans l'expression « règle de bois », d'où, par dérivation, *loi, principe,* comme dans l'expression « règle de grammaire ». On disait ainsi *canon actionis* pour signifier la loi selon laquelle l'action liturgique devait se dérouler. L'expression évoque quelque chose de rigide, d'immuable. Quand, le 13 novembre 1963, le bon pape Jean XXIII introduisit dans le Canon le nom de saint Joseph, l'univers chrétien s'est étonné de ce qu'il osât toucher à l'immuable canon.

La réforme liturgique utilise l'expression *Prière Eucharistique*. C'est l'expression la plus commode.

La première description de la messe
(vers 150)

Le jour qu'on appelle Jour du soleil (c'est-à-dire le dimanche), tous, qu'ils habitent les villes ou les campagnes, se rassemblent en un même lieu.

On lit alors les Mémoires des Apôtres et les Écrits des Prophètes aussi longtemps que le temps le permet.

Quand le lecteur a terminé, celui qui préside prend la parole et exhorte à imiter ces beaux enseignements.

Nous nous levons ensuite tous ensemble pour la prière...

On apporte ensuite à celui qui préside l'assemblée des frères, du pain, du vin et une coupe de vin avec de l'eau.

Il les prend, rend louange et gloire au Père de l'univers, par le nom du Fils et de l'Esprit Saint, et fait ensuite une longue « eucharistie » (action de grâce) pour avoir été jugé digne de ces biens.

Lorsqu'il a terminé, tout le peuple présent acclame en disant : « Amen »! Amen est un mot hébreu qui signifie : Qu'il en soit ainsi!

Lorsque celui qui préside a terminé l'Eucharistie et que tout le peuple a acclamé, ceux que nous appelons diacres distribuent à chacun des assistants le pain, le vin et l'eau consacrés, et ils en portent aux absents.

Nous appelons cet aliment « Eucharistie ».

Saint Justin,
Apologie *1,67 et 65-66*

Aux sources de la prière eucharistique

De même que la prière de Jésus s'est enracinée dans
le terroir de la prière juive, ainsi la prière chrétienne, et tout particulièrement sa Prière eucharistique, qui est le cœur de sa prière, plonge ses
racines dans la tradition d'Israël.

La prière juive la plus proche de la Prière eucharistique est la bénédiction *Yotser* qui accompagnait
la récitation journalière du *Shema Israël*. Elle commence par la bénédiction de Dieu créateur, elle
débouche sur un Sanctus, elle termine par des prières d'intercession [22].

La prière chrétienne la plus proche de la Prière
eucharistique est celle de la *Didachè*, un beau texte
d'enseignement chrétien du IIᵉ siècle. L'œuvre qui
contient cette prière fut découverte en 1875. Les
études menées depuis un siècle avec une acribie qui
frise l'obstination, n'ont pas réussi à percer son
mystère. Le moins qu'on puisse dire, c'est qu'il
s'agit d'une prière pour un repas d'agape, repas fraternel qui pouvait précéder l'Eucharistie (1 Corinthiens 11,17-22). Le plus qu'on puisse affirmer est
qu'il s'agit effectivement d'une Prière eucharistique
de la communauté judéo-chrétienne. On peut accorder les deux positions minimaliste et maximaliste en
estimant que la prière appartient à une époque où
l'eucharistie « est encore célébrée et reçue dans le

---

22. On trouvera ces prières dans L. Deiss, *Printemps de la Liturgie, op. cit.*, p. 26 *(Yotser)*, pp. 79-89 *(Didachè)*, pp. 126-128
(Hippolyte de Rome). Pour le texte original grec ou latin, voir
Hänggi-Pahl, *Prex Eucharistica*, 1968, Ed. Universitaires, Fribourg, Suisse.

Prière eucharistique de la Didachè

Au sujet de l'Eucharistie, rendez grâce ainsi :

D'abord pour le calice :
Nous te rendons grâces, ô notre Père,
pour la sainte vigne de David, ton serviteur,
que tu nous as révélée par Jésus, ton Enfant.
*   Gloire à toi dans les siècles !*

Puis pour le pain rompu :
Nous te rendons grâces, ô notre Père,
pour la vie et la connaissance
que tu nous as révélées par Jésus, ton Enfant.
*   Gloire à toi dans les siècles !*

De même que ce pain que nous rompons
autrefois disséminé sur les collines,
a été recueilli pour n'en faire plus qu'un,
qu'ainsi ton Église soit rassemblée
des extrémités de la terre dans ton Royaume !
Car à toi sont la gloire et la puissance
*   dans les siècles !*

Que personne ne mange
*   ni ne boive de votre Eucharistie*
sinon ceux qui ont été baptisés
*   au nom du Seigneur ;*
car le Seigneur a dit à ce propos :
Ne donnez pas aux chiens les choses sacrées.

Après vous être rassasiés, rendez grâces ainsi :
Nous te rendons grâces, ô Père saint,
pour ton saint nom
que tu as fait habiter en nos cœurs,
pour la connaissance, la foi et l'immortalité

que tu nous as révélées par Jésus, ton Enfant.
Gloire à toi dans les siècles !

C'est toi, ô Maître tout-puissant,
qui as créé l'univers,
à la louange de ton nom ;
tu as donné en jouissance
nourriture et breuvage aux enfants des hommes ;
mais à nous, tu as fait la grâce
d'une nourriture spirituelle
et d'un breuvage pour la vie éternelle,
par Jésus, ton Enfant.

Par-dessus tout, nous te rendons grâces
de ce que tu es puissant.
Gloire à toi dans les siècles !
Amen.

Souviens-toi, Seigneur, de ton Église,
pour la délivrer de tout mal,
pour la rendre parfaite dans ton amour.

Rassemble-la des quatre vents,
cette Église sanctifiée,
dans ton royaume que tu lui as préparé.
Car à toi sont la puissance et la gloire
dans les siècles ! Amen.

Vienne le Seigneur et que passe ce monde !
Amen.

Hosanna à la maison de David !
Celui qui est saint, qu'il vienne
Celui qui ne l'est pas, qu'il fasse pénitence.
Marana tha !
Amen.

Didachè 9 et 10.

cadre d'un repas festif [23] ». Malgré son grand âge
— près de vingt siècles d'existence ! — cette prière
garde la fascinante beauté de sa jeunesse. Pas un
mot qui ait pris une ride. Pas une phrase qui ait
vieilli !

La Prière eucharistique la plus ancienne est celle
d'Hippolyte de Rome, dans la *Tradition Apostolique* (vers 215). Elle présente une structure d'une
solide et incomparable simplicité. A cette époque,
l'évêque avait encore la faculté d'improviser la
Prière eucharistique. Hippolyte écrit avec sagesse :
« Il n'est pas nécessaire cependant que l'évêque
reprenne les formules qui ont été consignées plus
haut, comme s'il devait s'efforcer de les dire par
cœur dans son action de grâce à Dieu. Que chacun
prie selon ses capacités. Si quelqu'un est capable de
prier longuement en proférant une prière solennelle,
c'est bien... pourvu que sa prière soit saine et con-
forme à l'orthodoxie [24]. »

Aux IVe et Ve siècles, la tradition orale des Prières
eucharistiques se fixa dans les formulaires écrits.
Les Prières eucharistiques de cette période d'une
grande créativité littéraire jaillissent alors dans le
pré de la liturgie comme jonquilles au printemps.
Pour l'Orient, signalons celle de Sérapion († vers
362), évêque de Thmuis en Basse Égypte, et celle
des *Constitutions Apostoliques* (vers 380) d'une
incroyable longueur. Le chef d'œuvre de ces

---

23. G. Kretschmar, « La Liturgie ancienne dans les recherches
historiques actuelles », dans *La Maison-Dieu* (1982), p. 81. Voir
aussi *La Doctrine des Douze Apôtres*, SC 248 (1978), pp. 38-48.
24. *Tradition Apostolique*, 9.

Première prière eucharistique
Hippolyte de Rome (vers 215)

Acclamation

*Que les diacres présentent l'oblation à l'évêque. En
imposant les mains sur celle-ci avec tout le
presbyterium, qu'il dise l'action de grâces :*
Le Seigneur soit avec vous !
Que tous répondent :
— Et avec ton Esprit !
Élevons les cœurs.
— Ils sont tournés vers le Seigneur.
Rendons grâces au Seigneur !
— C'est digne et juste !

Action de grâce

Nous te rendons grâces, ô Dieu,
par ton Enfant bien-aimé, Jésus Christ,
que tu nous as envoyé aux derniers temps
comme Sauveur, Rédempteur et Messager
    de ta volonté.
Il est ton Verbe inséparable par qui tu as tout créé
et en qui tu as mis tes complaisances.

Tu l'as envoyé du ciel dans le sein d'une Vierge.
Il a été conçu et s'est incarné,
il s'est manifesté comme ton Fils,
né de l'Esprit et de la Vierge.

Il a accompli ta volonté
et, pour t'acquérir un peuple saint,
il a étendu ses mains tandis qu'il souffrait
pour délivrer de la souffrance
    ceux qui croient en toi.

Récit de l'Institution

Tandis qu'il se livrait à la souffrance volontaire
pour détruire la mort,
briser les chaînes du diable,
fouler l'enfer à ses pieds,
répandre sa lumière sur les justes,
établir l'Alliance et manifester sa Résurrection,

Il prit du pain,
il te rendit grâce et dit :
« Prenez, mangez, ceci est mon corps
qui est rompu pour vous. »
De même pour le calice, il dit :
« Ceci est mon sang
qui est répandu pour vous.
Quand vous faites ceci,
faites (-le) en mémoire de moi. »

Anamnèse

Nous souvenant donc de ta mort
*   et de ta Résurrection,*
nous t'offrons le pain et le vin,
nous te rendons grâces de nous avoir jugés dignes
de nous tenir devant toi et de te servir.

Épiclèse

Et nous te demandons d'envoyer ton Esprit Saint
sur l'offrande de ton Église sainte,
de rassembler dans l'unité
*   tous ceux qui la reçoivent.*
Qu'ils soient remplis de l'Esprit Saint
qui affermit leur foi dans la vérité.

Que nous puissions ainsi te louer et te glorifier
par ton Enfant, Jésus Christ.

Doxologie

Par lui, gloire à toi, et honneur
au Père et au Fils, avec l'Esprit Saint,
dans ton Église sainte,
maintenant et dans les siècles des siècles!
   Amen.

                              Tradition Apostolique, 4. *L. Deiss,*
                        Printemps de la Liturgie, pp. 126-128.

Prières eucharistiques est incontestablement l'anaphore de saint Basile. En Occident, la tradition
latine produisit le Canon dont saint Ambroise
(† 397) atteste les premiers éléments.

Les quatre prières eucharistiques

La réforme a suscité de nombreuses créations de
Prières eucharistiques. Certaines sont des créations
« sauvages ». D'autres ont été approuvées par
Rome pour des circonstances particulières [25]. Quatre ont été retenues pour le Missel pour les messes
ordinaires.

La Prière eucharistique I

La Prière eucharistique est basée sur l'antique
Canon romain. Il date du IVe siècle, à l'époque où

---

25. Voir *Eucharisties de tous pays*, CNPL (Centre National de
Pastorale liturgique), 1973.

le grec fut définitivement abandonné à Rome pour le latin. Ses vestiges les plus anciens se lisent dans le traité *De Sacramentis* [26] *(Sur les Sacrements)* que saint Ambroise rédigea vers 378. Il paraît fixé de manière définitive vers le VIIᵉ siècle. A partir des XIᵉ et XIIᵉ siècles, il devint le Canon unique de toute l'Église d'Occident. Il régna en maître absolu jusqu'au 30 novembre 1969 (date de l'entrée en vigueur du nouveau Missel), donc quelque quinze siècles. Pendant près de quatorze siècles, il était même interdit de le traduire. On le récitait à voix basse et le Concile de Trente [27] anathématisa quiconque aurait osé critiquer cette récitation à voix basse de la prière présidentielle ou affirmer qu'il faudrait la dire en langue « vulgaire », c'est-à-dire la langue vivante commune : ce sont là de vieux souvenirs...

On a souvent vanté sa beauté littéraire, la simplicité de sa noblesse, l'inviolabilité de son antiquité, « l'aura du mystère » qui en émane, « la crainte sacrée » qu'il inspire [28]. On le considérait comme un sanctuaire — on disait parfois le Saint des Saints — dans lequel le prêtre seul pouvait entrer. L'ancien Ordo I écrit : « L'évêque se lève seul et entre dans le Canon [29]. »

26. Collection « Sources chrétiennes » n° 25 bis (1961), Editions du Cerf, pp. 114-118.
27. Denzinger-Schönmetzer (Recueil des décisions et déclarations des Conciles), n° 1759.
28. C. Vagaggini, dans *La Maison-Dieu*, 87 (1966), p. 134. Du même auteur : *Le Canon de la Messe*, Coll. Lex Orandi, 41, Ed. du Cerf (1967).
29. J.-A. Jungmann, *op. cit*, t. 3, p. 8.

Sans doute la vénération dont on entoure les antiques formules a-t-elle joué lorsque la réforme de Vatican II n'a
pas voulu ou n'a pas osé rénover en profondeur le
Canon. Malgré la beauté de certaines oraisons — spécialement les deux qui suivent la consécration —, malgré la
finesse de la traduction française qui a su alléger le texte,
il nous apparaît aujourd'hui un peu lourd et incohérent.
L'entassement des oraisons, l'alternance répétée de
l'action de grâce et des invocations donnent l'impression
d'un « amalgame sans unité visible [30] », d'un texte qui
ne progresse pas parce qu'il ne sait pas où il veut aller.
On vénère parfois le hiératisme des formules antiques à
tel point qu'on ne les utilise plus. On peut se demander
si ce n'est pas le danger qui menace l'ancien Canon
romain.

La Prière eucharistique II

Cette Prière eucharistique est une adaptation de la
plus ancienne Prière eucharistique, celle d'Hippolyte de Rome. On l'a enrichie du *Sanctus* (qu'elle
ne possédait pas), ainsi que d'une invocation à
l'Esprit Saint avant la consécration. Après près de
quinze siècles d'oubli, cette antique prière réappa-
rait dans la liturgie romaine, parée d'une incomparable jeunesse.
C'est la Prière eucharistique la plus brève : aucun
mot inutile, aucune redondance dans les phrases.
C'est un modèle de clarté et de logique.
On notera l'humilité extrême de la phrase : *Nous te
rendons grâce car tu nous as choisis pour servir en
ta présence.*

---

30. C. Vagaggini, *Le Canon de la Messe*, Coll. Lex Orandi, 41,
Le Cerf, 1967.

La Prière eucharistique III

La Prière eucharistique est la refonte d'un projet qui avait été élaboré par le Consilium de Liturgie comme prière alternative du Canon [31]. Comme elle est une composition nouvelle, elle révèle clairement la structure que l'on juge idéale pour la Prière eucharistique. La voici :

Dialogue d'introduction et Préface
  Sanctus et *Post-Sanctus*
    Épiclèse (invocation de l'Esprit Saint)
      Récit de l'Institution et anamnèse
    Épiclèse
  Intercessions
Doxologie finale

Cette Prière eucharistique est sans doute la plus élaborée sur le plan théologique. Elle souligne l'action de l'Esprit Saint (dans le *Post-Sanctus* et les deux épiclèses), elle atteste vigoureusement (peut-être pour faire front par avance aux critiques des traditionalistes) l'aspect sacrificiel de l'Eucharistie, elle affirme aussi avec beauté notre participation à l'offrande du Christ : *Que l'Esprit Saint fasse de nous une éternelle offrande à ta gloire.*

La Prière eucharistique IV

La Prière eucharistique IV s'inspire des anaphores orientales, spécialement de celle de saint Basile (330 ?-379).
Sa beauté particulière réside dans sa première partie, de la Préface à la première épiclèse. Elle célè-

---

31. Voir le dossier dans C. Vagaggini, *op. cit.*, pp. 121-154.

bre l'éternité de Dieu Créateur, elle chante sa sainteté avec les anges, elle acclame le plan de Dieu qui
va de la création d'Adam à la naissance de Jésus,
à sa mort, à sa résurrection. Mélodie jubilante, sans
faille, qui relie, en un unique chant d'amour, l'éternité de Dieu au salut de l'homme.

B. Au long de la prière eucharistique

Dialogue d'introduction

Toutes les Prières eucharistiques commencent par
un dialogue d'introduction. Il est possible que cette
coutume soit un héritage de la tradition juive. Le
témoignage le plus ancien de ce dialogue se lit dans
la Prière eucharistique d'Hippolyte.
Le prêtre entre seul dans le Canon, disait l'ancien
Ordo, mais il est accompagné spirituellement par
toute sa communauté. Il va dire seul la Prière
eucharistique, mais toute la communauté la prie de
cœur avec lui. Le dialogue d'introduction atteste
l'unité de la communauté célébrante.

Saint Cyprien, dans son traité sur la prière — qui date
des années 251-252 — ajoute cette autre raison :
« Quand nous nous levons pour l'oraison, frères bien-
aimés, nous devons veiller et nous appliquer de tout cœur
à la prière. Que soit écartée toute pensée charnelle et
mondaine, que l'âme ne pense à rien d'autre qu'à prier.
Et c'est bien pour cela que le prêtre, avant l'oraison, prépare l'esprit des frères en disant dans la Préface : "Levons
les cœurs !" Le peuple répond : "Nous les tournons vers
le Seigneur." On nous exhorte ainsi à ne penser à rien
d'autre qu'au Seigneur [32]. »

_____

32. *De Dominica Oratione*, 31.

Le chant de l'action de grâce ou la préface

La présence réelle du Christ dans l'Eucharistie avec
le récit de l'Institution avait absorbé jadis toute
l'attention de la piété chrétienne. La Préface était
considérée comme une sorte d'introduction, un
hors-d'œuvre sans trop d'importance, comme le
sont parfois certaines préfaces de livre.

En réalité la Préface *(praefatio)* n'est pas le *discours*
(fatio) que l'on dit *avant (prae)* le Canon, mais bien
l'action de grâce que l'on proclame *devant* la communauté. « C'est un poème, le cri de joie et de
reconnaissance, le chant du monde découvrant son
salut,... la certitude de foi faisant jaillir l'espérance,
comme a dû être la prière de Jésus au soir du Jeudi
saint [33]. » Les Préfaces des anaphores d'Hippolyte
et d'Addaï et de Mari sont d'excellents témoins de
cette louange née dans l'environnement de la bénédiction juive.

Comme il est difficile de dire merci à Dieu dans une Préface qui plaise à toutes les communautés, à tous les âges,
à toutes les sensibilités, et qui soit en même temps « un
poème, le cri de joie et de reconnaissance, le chant du
monde » ! On peut se demander : Est-ce même possible ?
Il ne faut pas s'étonner en tout cas si certaines Préfaces
du Missel, surtout celles qui sont nées à l'époque
moderne, prêtent le flanc à la critique, se perdent dans
l'abstraction intellectuelle d'un cours de théologie et
ne suscitent qu'un silence ennuyé. D'autres, a-t-on dit,
sombrent « dans le marécage de la piété sentimentale »

---

33. Philippe Béguerie, *Eucharisties de tous pays*, CNPL, 1973,
p. 8.

ou s'enivrent du « cliquetis de ses formules [34] » savantes. Même les formules les plus vénérables de l'Antiquité peuvent nous paraître froides et fades. Comment veut-on que notre bon peuple, qui sait ce qu'est le goût du pain et du vin, qui admire la beauté d'une fleur, la splendeur de la montagne, l'infini de la mer, qui sait dire merci à Dieu pour l'amour d'une femme et la joie des enfants, comment veut-on, dis-je, que ce peuple s'enthousiasme quand on lui dit que Jésus s'est « manifesté dans notre nature mortelle » et qu'il nous a recréés par « la lumière éternelle de sa divinité » (Préface de l'Épiphanie) ! D'autres formules de facture « moderne », qui circulent dans certaines communautés, même si elles harponnent l'attention et ébranlent notre cœur, nous laissent néanmoins sur notre faim. Certes, on peut remercier le Père de nous avoir donné Jésus, « cet homme inoubliable [35] » : mais est-ce là le tout du mystère de Jésus ? Oui, qu'il nous est donc difficile de dire merci à Dieu dans une louange qui convienne à toutes les sensibilités !

Jadis, chaque messe pouvait avoir sa préface (le Sacramentaire léonien, du VIe siècle, en compte 269). Aujourd'hui, la réforme s'est engagée à nouveau dans le chemin de la vraie tradition. Ainsi le livre *Messes en l'honneur de la Vierge Marie* (Desclée-Mame, 1989) propose une préface nouvelle pour chacune des 46 messes qui y sont présentées. La réforme est donc sur la bonne voie. Le chantier de la création de préfaces nouvelles devrait rester ouvert [36]. Car il faut beaucoup de créativité et de patience pour faire naître un seul chef-d'œuvre.

---

34. L. Bouyer, « La Préface et le Sanctus » dans *La Maison-Dieu*, 87 (1966), p. 103.
35. H. Osterhuis, *Quelqu'un parmi nous*, Desclée, 1966, p. 118.
36. Dans les messes de groupe, on peut enrichir le texte officiel par des actions de grâce particulières, exprimant la communauté célébrante.

Sanctus
L'acclamation de l'univers

Le texte biblique

Le Sanctus se présente comme un centon ou assemblage de textes bibliques [37] :

> *Saint ! Saint ! Saint, le Seigneur,*
> *Dieu de l'univers* (Isaïe 6,3 ; Apocalypse 4,8).
> Le ciel et *la terre*
> *sont remplis de* ta *gloire* (Isaïe 6,3).
> *Hosanna au plus haut des cieux*
>   (Matthieu 21,9 ; Marc 11,10).

> *Béni soit celui qui vient*
> *au nom du Seigneur* (Psaume 118,26 ;
>   Matthieu 21,9 ; Marc 11,9 ; Luc 19,28).
> *Hosanna au plus haut des cieux*
>   (Matthieu 21,9 ; Marc 11,10).

Les deux premières acclamations sont empruntées au récit de la vision qui inaugura, vers 740, le ministère d'Isaïe. Le prophète se trouve au Temple. Les cieux se déchirent devant lui et Dieu lui apparaît en gloire. Les Séraphins, êtres de feu et de lumière, servent comme acolytes au trône divin. Emporté par l'extase, Isaïe entend leur chant :

> *Saint, saint, saint est Yahvé Sabaot !*
> *La terre est remplie de sa gloire* (Isaïe 6,3).

Aux Séraphins d'Isaïe, la liturgie aime associer les myriades angéliques. L'anaphore de Sérapion (évê-

---

37. Analyse dans *Concile et chant nouveau*, op. cit., pp. 100-113.

que de Thmuis, en Basse Égypte, vers 350) le fait
avec générosité :

> *A toi font cortège des milliers de milliers*
> *et des myriades de myriades*
>   *d'Anges et d'Archanges,*
> *de Trônes et de Seigneuries,*
> *de Principautés et de Puissances.*
> *Auprès de toi se tiennent*
>   *les deux augustes Séraphins...*
> *Ils chantent ta sainteté.*
> *Avec les leurs, reçois aussi*
> *nos acclamations à ta sainteté* [38]. »

Le texte d'Isaïe porte : « *La terre* est remplie de sa
gloire. » La liturgie lui substitue : « *Le ciel et la
terre* sont remplis de *ta* gloire. » La perspective
s'élargit, immense. C'est à la fois sur terre et au ciel
que les anges et les hommes, avec la création tout
entière, s'unissent dans une commune exultation
pour la célébration éternelle du Père. La liturgie
apparaît bien comme la descente de l'Éternel dans
le temps, ou encore comme l'insertion de l'acclamation terrestre dans la louange du ciel. A la question :
Est-ce que l'univers cosmique avec ses milliards de
galaxies et ses milliards d'années-lumière est inté-
ressé par notre Eucharistie, la liturgie répond : Oui,
car le Christ est premier-né de la création. A la
question : Est-ce que les myriades angéliques sont
présentes dans notre acclamation à la gloire divine,
la liturgie répond : Oui, parce que toutes les créa-
tures spirituelles ont été créées « en lui..., par lui et
pour lui » (Colossiens 1,16).

---

38. *Printemps de la Liturgie, op. cit.*, p. 185.

Hosanna est la francisation de l'hébreu *Hosiah-na* et signifie littéralement : « Donne le salut. » Le mot vient du psaume 118,25 : « Donne le salut, Yahvé, donne ! » Il fut utilisé par la suite comme acclamation de louange. A la fête des Tentes, on faisait la procession avec des palmes en chantant Hosanna. Le septième jour s'appelait le Grand Hosanna.

Au plus haut des cieux est un hébraïsme. Il faut comprendre : Hosanna à Dieu qui habite au plus haut des cieux. C'est l'exclamation devant l'infinie grandeur de Dieu.

Béni soit celui qui vient est emprunté pareillement au psaume 118,26. Il s'agit d'une bénédiction prononcée sur le pèlerin qui entrait au Temple. La tradition a transformé l'acclamation « Béni soit au nom du Seigneur celui qui vient » en une acclamation messianique : « Béni soit Celui-qui-vient au nom du Seigneur. » Dans le Nouveau Testament, *Celui-qui-vient* est un titre messianique.

Quand Jésus fit son entrée solennelle à Jérusalem, la foule des disciples, s'emparant des rameaux qu'elle avait cueillis dans le psaume 118,27, fait la fiesta à Jésus et l'acclame :

> *Hosanna au Fils de David !*
> *Béni soit celui qui vient au nom du Seigneur !*
> *Hosanna au plus haut (des cieux) !*
>   (Matthieu 21,9)

Le climat biblique de notre *Sanctus* est celui d'une célébration de gloire : théophanie (manifestation de Dieu) royale de Dieu Sabaot, myriades angéliques qui entourent le Seigneur, louange cosmique envers le Maître de l'univers, gloire céleste envahissant la terre, liturgie royale de la fête des Tentes, jubilation du jour des Rameaux, parousie (manifestation glorieuse à la fin des temps) du Messie qui vient au nom du Seigneur : c'est toute cette ambiance de fête que le *Sanctus* devra évoquer. Le *Sanctus* susurré doucement par des voix parcimonieuses, économisant avarement le souffle, chantonnant un adagio sur le « Béni soit celui qui vient au nom du Seigneur », est en dehors du texte si l'on peut dire : le chant des séraphins d'Isaïe faisait vibrer les gonds du seuil du Temple !

Le Sanctus dans la Prière eucharistique
On se rappelle que la Prière eucharistique d'Hippolyte n'a pas le Sanctus. Comment est-il donc entré dans la Prière eucharistique ? Sans doute par une sorte d'osmose ou d'imitation de la prière juive. Le *Yotser*, bénédiction qui accompagne la récitation du *Shema Israël*, est constitué en effet d'une première partie de bénédictions, d'un *Sanctus* et de Prières d'intercession. C'est la structure la plus ancienne de nos Prières eucharistiques. Voici le texte dans ses lignes essentielles :

(Bénédiction)
> *Tu es béni, Seigneur notre Dieu, roi de l'univers, toi qui façonnes la lumière et crées les ténèbres, qui illumines de ta miséricorde la terre et ceux qui l'habitent, qui, par bonté, renouvelles sans cesse tous les jours les œuvres de ta création...*

(Sanctus)
> *Que soit glorifié ton nom dans les éternités, notre roi, qui crées les anges... Ils bénissent, ils magnifient, ils adorent, ils proclament : Saint, saint, saint le Seigneur Sabaot !*

> *La terre est pleine de sa gloire...*
> *Bénie soit la gloire du Seigneur!*

(Intercession)
> *D'une lumière nouvelle illumine Sion. Que*
> *bientôt nous soyons rendus dignes de ta*
> *lumière.*

Si la dignité d'un chant se mesure en fonction de sa relation et de sa proximité avec l'Eucharistie, le *Sanctus* qui se situe au cœur de l'action liturgique est l'acclamation la plus importante de la Prière eucharistique. Ou encore : si la communauté ne chantait qu'un chant, ce devrait être le *Sanctus*.

Le *Sanctus* est le chant de l'unité. On acclame *d'une seule voix, avec les anges et les saints* (Prière eucharistique II), *avec la création tout entière* (Prière eucharistique IV). L'Ordo affirme : « Toute l'assemblée... chante ou récite le Sanctus. Cette acclamation, qui fait partie de la Prière Eucharistique, est prononcée par tout le peuple avec le prêtre [39]. »

Symphonie de l'unité, le *Sanctus* rassemble en une seule louange l'univers cosmique, le monde angélique, les saints du ciel et l'Église de la terre.

Vers la liturgie du ciel

Selon l'Apocalypse, le Sanctus est l'acclamation de la liturgie céleste. « Jour et nuit, est-il dit (4,8), les anges ne cessent de répéter : Saint, saint, saint, le Seigneur, Dieu de l'univers, Celui-qui-était, Qui-est et Qui-vient. »

C'est vers cette louange éternelle que chaque eucharistie de la terre nous fait cheminer.

---

39. *PGMR*, 53, b.

Post-Sanctus
« *Tu es vraiment saint* »

Dans les Prières eucharistiques II, III et IV, cette
prière enchaîne le *Sanctus* à l'épiclèse. La Prière
eucharistique II porte : *Toi qui es vraiment saint,
toi qui es la source de toute sainteté, Seigneur, nous
te prions* : c'est l'exemple parfait d'un texte de rem-
plissage qui sert de chaînon.
Dans la Prière eucharistique IV, cette prière continue l'action de grâce de la Préface.
Pour les Prières eucharistiques II et III, le Missel
français a heureusement enrichi le « texte de rem-
plissage » par des formules adaptées au dimanche,
fête hebdomadaire de la Résurrection, au temps de
la Nativité et à la semaine pascale. Voici la prière
telle qu'elle est prévue pour la semaine pascale (le
texte ajouté au texte primitif est en italique) :

> Toi qui es vraiment saint,
> toi qui es la source de toute sainteté,
> *nous voici rassemblés devant toi,*
> *et, dans la communion de toute l'Église,*
> *nous célébrons le jour très saint*
> *où ressuscita selon la chair*
> *notre Seigneur Jésus Christ.*
> *Par lui, que tu as élevé à ta droite,*
> *Dieu notre Père*, nous te prions.

Épiclèse de consécration
« *Répands ton Esprit Saint...* »

Épiclèse signifie littéralement *invocation (klèsis) sur
(épi)*. Dans le vocabulaire liturgique, l'épiclèse est
l'*invocation* de l'Esprit Saint soit *sur les offrandes*

« pour qu'elles deviennent le corps et le sang de Jésus » (Prière eucharistique II) soit *sur la communauté elle-même* pour qu'elle participe aux fruits de l'Eucharistie, « qu'elle soit rassemblée par l'Esprit Saint en un seul corps » (Prière eucharistique II). La première épiclèse s'appelle épiclèse consécratoire, la seconde, épiclèse de communion.

Les anaphores orientales lient souvent ces deux épiclèses en une seule prière. Voici l'épiclèse de l'anaphore de saint Basile :

> *Que ton Esprit Saint vienne sur nous, tes serviteurs, et sur ces offrandes que tu nous as données, qu'il les sanctifie et en fasse la nourriture sainte destinée aux saints.*
>
> *Que ce pain devienne le corps de notre Seigneur, Dieu et Sauveur Jésus Christ, en rémission des péchés et en vie éternelle pour ceux qui le recevront. Que ce calice devienne le précieux sang de la nouvelle Alliance de notre Seigneur, Dieu et Sauveur Jésus Christ, en rémission des péchés et en vie éternelle pour ceux qui le recevront.*

La Prière eucharistique I, qui reprend l'ancien Canon, ne présente pas d'invocation explicite à l'Esprit Saint. On considère la prière *Sanctifie pleinement cette offrande* qui précède immédiatement le récit de l'Institution de la Cène par le Christ comme ayant valeur épiclétique.

Les Prières eucharistiques II, III et IV, à la suite de l'anaphore de saint Marc [40], placent l'épiclèse juste

---

40. L'anaphore dite de saint Marc présente un témoignage des anaphores en usage dans l'Église d'Égypte. Certains éléments de cette anaphore remontent au IVe-Ve siècle. Texte grec avec tra-

avant le récit de l'Institution. La Prière eucharistique III qui est, on se rappelle, une création récente,
montre bien le sens que l'Église donne à l'épiclèse :

> *Nous te supplions de consacrer toi-même*
> *les offrandes que nous apportons.*
> *Sanctifie-les par ton Esprit*
> *pour qu'elles deviennent*
> *le corps et le sang de ton Fils.*

Quant à l'épiclèse de communion, les Prières eucharistiques II, III et IV la place après l'anamnèse qui
suit la consécration.

Le moment de la consécration

Selon la tradition orientale, c'est l'épiclèse qui consacre
le pain et le vin en corps et sang du Christ ressuscité.
Selon la tradition occidentale, c'est le récit de l'Institution de la Cène qui opère cette consécration. La croyance
populaire avait parfois même exagéré la puissance quasi
magique et instantanée des paroles dites consécratoires.
On affirmait : Quand le prêtre disait : *Hoc* (ceci), il n'y
avait rien. *Est* : il n'y avait rien. *Enim* : il n'y avait rien.
Corpus : encore rien. *Meum* : il y avait tout, il y avait le
corps du Christ. On racontait même — et le film *Le
Défroqué* fait jouer la scène à Pierre Fresnay — qu'un
prêtre, en rupture avec l'Église au temps du modernisme,
était entré dans une boulangerie, avait prononcé les paroles sacrées, et avait consacré, pensait-on, toute la boulangerie (croyance contraire à toute saine théologie, puisque
le prêtre, pour faire un sacrement, doit vouloir faire ce
que veut faire l'Église, ce qui n'était manifestement pas
le cas). Le langage populaire disait même : « Faire Hocus
pocus » (abréviation de *hoc est corpus*) pour signifier :
faire un tour de passe-passe.
En fait, la question du moment précis de la consécration,

---

duction latine dans Hänggi-Pahl, *op. cit.*, pp. 102-115. Traduction française (extraits) dans C. Vagaggini, *op. cit.*, pp. 60-67.

tout comme la discussion de la valeur consécratoire de l'épiclèse ou du récit de l'Institution, est une mauvaise question. Elle surgit au tournant du XIII-XIVᵉ siècle, au cours des controverses entre Orientaux et Occidentaux [41]. Et un problème mal posé ne peut recevoir de solution correcte. En fait, la Prière eucharistique forme une unité de louange, de bénédiction, d'action de grâce, de demande. C'est l'ensemble de cette prière qui est consécratoire. Cela est si vrai que l'ancien Canon romain (Prière eucharistique I actuellement) qui n'a pas d'épiclèse explicite, est parfaitement valide, comme est valide l'anaphore d'Addaï et de Mari qui n'a pas de récit d'Institution (voir p. 112).

Qui consacre ?

L'épiclèse souligne avec une précision superbe l'humilité du ministère sacerdotal. Parfois on dit que le prêtre consacre. En rigueur de termes, l'affirmation ne tient pas. L'épiclèse révèle en tout cas très exactement ce que fait le prêtre : il dit la prière par laquelle la communauté célébrante demande au Père d'envoyer son Esprit Saint sur le pain et sur le vin pour qu'ils deviennent le corps et le sang de Jésus. La Prière eucharistique III dit explicitement :

> *Nous te supplions de consacrer toi-même*
> *les offrandes que nous apportons.*
> *Sanctifie-les par ton Esprit*
> *pour qu'elles deviennent*
> *le corps et le sang de ton Fils.*

C'est donc le Père qui consacre par son Esprit. Il revient au prêtre de dire la prière, au nom de la communauté, pour qu'il en soit ainsi.

---

41. Voir Nicolas Cabasilas (XIVᵉ siècle), dans « Sources chrétiennes » 4 bis (1967), Ed. du Cerf, pp. 31-36. Sur toute cette question, voir Y. Congar, *Je crois en l'Esprit Saint*, Ed. du Cerf, t. III (1980), p. 294-330.

L'épiclèse est aussi une hymne de louange à la Trinité. Le Père est au centre de cette louange. Il a envoyé son Esprit Saint sur la Vierge Marie pour que surgisse en elle le corps de Jésus : il envoie à nouveau son Esprit sur l'offrande de la communauté pour qu'y advienne le corps du Christ ressuscité. La communauté accueille cette grâce et rend gloire au Père, par le Fils, dans l'Esprit.

Récit de l'Institution
« Le Seigneur Jésus, la nuit où il fut livré... »

Au cœur de la Prière eucharistique se situe le récit de l'Institution.

Le texte biblique
Le récit de l'Institution nous est parvenu selon quatre recensions (ou formulations transcrites) différentes : celle de Paul, en 1 Corinthiens 11,23-25, celle de Matthieu 26,26-28, celle de Marc 14,22-24, et celle de Luc 22,19-20.
La comparaison des textes permet de distinguer clairement deux groupes : le groupe de Paul et de Luc et le groupe de Matthieu et de Marc. On est enclin à penser que la recension de Paul et de Luc, dont le grec est meilleur, représente la tradition de l'Église d'Antioche, et le groupe de Marc (dont le texte trahit davantage l'original sémitique) et de Matthieu, la tradition de l'Église palestinienne. Chaque tradition peut renfermer des éléments très proches de l'original.
Le séjour de Paul à Corinthe remonte aux années 50-52. Paul se réfère lui-même à une tradition anté-

rieure qui lui a été donnée : « Pour moi, j'ai reçu ce qu'à mon tour je vous ai transmis » (1 Corinthiens 11,23). Le témoignage qu'il cite peut donc remonter aux premières années du christianisme (peut-être aux années 40).

Le texte liturgique

La liturgie, toujours en recherche de beauté, a embelli le texte évangélique. En fait, aucune Prière eucharistique ne s'en tient littéralement au texte de l'Écriture. La sublime simplicité du récit évangélique, dont la grandeur provient uniquement de l'acte même de Jésus, non des paroles qui le racontent, s'en est trouvée quelque peu voilée par des redondances littéraires. Au lieu de dire : « Jésus prit du pain et le leur donna », on affirme : « Il prit du pain dans ses mains saintes, pures, bienheureuses et vivifiantes, et le donna à ses apôtres bien-aimés » (Liturgie copte). Sans doute la sensibilité orientale se trouve-t-elle à l'aise dans de telles emphases.

La Prière eucharistique I n'a pas voulu retoucher le texte de l'ancien Canon. Elle en a gardé une solennelle lourdeur. On y dit que Jésus prit *hunc praeclarum calicem in sanctas ac venerabiles manus suas*. Le *praeclarus calix* devient, en traduction, *cette coupe incomparable*. Et les *sanctas ac venerabiles manus suas* deviennent *ses mains très saintes*[42]. On peut se demander s'il était opportun de garder une telle emphase, reflet du goût d'une autre époque et si éloignée de la simplicité de l'Évangile. Quand le prêtre regarde ses mains, il sait qu'elles ne sont ni saintes ni vénérables, mais pécheresses ; et quand, en pays de

---

42. L'expression revient deux fois. La seconde fois, la traduction a simplifié et porte : *ses mains*.

mission, il célèbre avec une coupe en bois ou en terre cuite, il ne peut que sourire en affirmant que cette coupe est incomparable...

Les Prières eucharistiques II, III et IV ont gardé l'humble beauté du texte évangélique. La Prière eucharistique II est sans doute la mieux réussie :

> *Jésus prit le pain, il rendit grâce,*
> *il le rompit,*
> *et le donna à ses disciples en disant :*
> *« Prenez et mangez-en tous,*
> *ceci est mon corps livré pour vous. »*

Les Prières eucharistiques III et IV ajoutent que Jésus « bénit » le pain et la coupe. Il faut comprendre que Jésus bénit Dieu en prononçant la bénédiction sur le pain et sur le vin, selon les formules de la tradition juive.

Parmi les Prières eucharistiques nouvelles, celle qui est proposée pour la population arborigène d'Australie retrouve, avec des mots simples, la transparence de l'Évangile :

> *Il y a longtemps,*
> *la nuit avant qu'il aille à la mort,*
> *Jésus et ses amis prennent ensemble le repas.*
> *Il te bénit, Père,*
> *il rompt le pain et dit à ses amis :*
> *« Prenez ceci, vous tous : c'est mon corps.*
> *Demain je mourrai pour vous* [43]*. »*

La participation de l'assemblée

Dans la liturgie romaine, l'assemblée n'intervient pas directement dans le récit de l'Institution. Le monologue du prêtre souligne la spécificité du ministère sacerdotal : le prêtre seul dit la prière consécratoire.

Dans les liturgies orientales, l'assemblée soutient la prière du prêtre par ses acclamations. La liturgie copte crée un vrai climat de fête au cœur du récit de l'Institution :

---

43. *Eucharisties de tous pays, op. cit.*, p. 43.

« Ayant résolu de se livrer à la mort pour la vie du monde,
— *Nous croyons que c'est la vérité. Amen!*
il prit du pain en ses mains saintes, pures, bienheureuses et vivifiantes,
— *Nous croyons que c'est la vérité. Amen!*
il leva les yeux au ciel vers toi, son Père et le Seigneur de l'univers. Il rendit grâces,
— *Amen!*
il le bénit,
— *Amen!*
il le sanctifia,
— *Amen, amen, amen! Nous croyons, nous glorifions, nous confessons.*
il le rompit et le donna à ses apôtres bien-aimés en leur disant : Ceci est mon corps qui sera rompu et livré pour la multitude en rémission des péchés. Faites ceci en mémoire de moi.
— *Nous croyons que c'est la vérité. Amen [44]!* »

On retrouve les mêmes acclamations pour la consécration du vin.

Au Moyen Age, on affirmait avec audace : « Le prêtre ne sacrifie pas seul, ne consacre pas seul, mais toute l'assemblée des fidèles qui assistent consacre avec lui, sacrifie avec lui [45]. » Le Père Congar confirme : « Toute l'assemblée liturgique est célébrante et consacrante. » Et il ajoute : « Mais ce serait une erreur ecclésiologique et une hérésie liturgique de faire dire les paroles de la consécration par toute l'assemblée. Elle a son président, qui y fonctionne comme président. Et cependant elle est tout entière sacerdotale et célébrante [46]. »

---

44. *Notre Messe copte*, Ed. du Foyer Catholique, Le Caire, 1967, pp. 62-65.
45. Attribué à Guerric d'Igny, *Sermo 5,15*; Pl 185, 87 AB; cité par Y. Congar, *Vatican II*, Coll. Unam Sanctam 66 (1967) Ed. du Cerf, p. 252. — Sur l'authenticité, voir T. Morson et H. Costello, Dictionnaire de Spiritualité, t. 6, col. 1115, p. 252.
46. Y. Congar, *Le Concile de Vatican II*, Coll. Théologie Historique, 71 (1984), Ed. du Cerf, p. 113.

Il reste à notre liturgie romaine d'inventer des chemins pour exprimer le mystère de l'assemblée qui consacre par le ministère de son prêtre. Car si le récit de l'Institution est le cœur de la Prière authentique, c'est bien là, au cœur de cette prière, que la communauté doit exprimer sa présence.

Le mystère de la Parole et de la Communauté

Le récit de l'Institution est l'exemple le plus sublime de l'actualisation de la Parole de Dieu. Il s'agit, en fait, d'une lecture d'un texte biblique, lecture semblable à celle de l'Évangile. Mais cette lecture réalise en même temps ce qu'elle signifie : la Parole devient action, elle change le pain et le vin en Eucharistie. Nulle part ailleurs dans la célébration ne se vérifie mieux ce que Jésus proclamait dans la synagogue de Nazareth : « Aujourd'hui s'accomplit pour vous la parole que vous venez d'entendre » (Luc 4,21).

Cette parole-action est aussi une Parole-prière. En effet, le récit est bien proclamé devant la communauté, mais il s'adresse en même temps à Dieu. En lisant le texte évangélique, le prêtre dit que Jésus leva les yeux « vers toi, Dieu, son Père tout-puissant », qu'il « te rendit grâce » (Prière eucharistique I). La Parole-action est donc mémorial de la prière de Jésus.

La Parole manifeste ici la plénitude de sa puissance. Et pourtant, l'acte célébratoire de la communauté (elle célèbre la Cène) est plus importante encore que la Parole de l'Institution (elle dit qu'elle la célèbre) : tel est l'enseignement de l'anaphore syriaque des apôtres Addaï et Mari [47].

---

47. *Printemps de la liturgie, op. cit.*, pp. 152-158.

Anaphore d'Addaï et de Mari
(début du IIIe siècle)

Nous te rendons grâce, Seigneur,
pour les richesses abondantes de ta grâce
  envers nous.
Car, alors que nous étions pécheurs et faibles,
tu nous as rendus dignes,
  selon ta grande clémence,
de célébrer les saints mystères
du corps et du sang de ton Christ.

Nous implorons le secours qui vient de toi.
Affermis nos âmes pour que nous célébrions
avec une charité parfaite et un amour sincère
le don que tu nous as fait.

Nous te louons, nous te glorifions,
nous te rendons grâce, nous t'adorons,
maintenant et toujours
  et dans les siècles des siècles...

Il est digne que toutes les bouches rendent gloire,
que toutes les langues rendent grâce
au nom adorable et glorieux
du Père, du Fils et du Saint Esprit.
Il a créé le monde selon sa grâce
et ceux qui l'habitent, selon sa clémence.
Il a sauvé les hommes selon sa miséricorde;
il a comblé les mortels de sa grande grâce.

Ta majesté, Seigneur,
mille milliers d'esprits célestes l'adorent,
ainsi que les myriades de myriades d'anges
les troupes des esprits,
  les serviteurs du feu et de l'esprit.
Avec les Chérubins et les autres Séraphins,
ils glorifient ton nom, ils clament et rendent gloire.

Anaphore syriaque (Syrie orientale). L. Deiss
Printemps de la Liturgie, *pp. 154-155.*

Cette anaphore très ancienne (peut-être du début du IIIe siècle), très proche des bénédictions juives, a une histoire prodigieuse. Elle est unique, inclassable, en ce sens qu'elle n'a pas de récit de l'Institution. Devant cette « anomalie » qui énervait la sagacité des historiens de la liturgie et troublait le bon fonctionnement des théories, on émit l'hypothèse, — c'était le plus facile —, que le récit de l'Institution figurait bien dans le texte primitif mais avait été perdu par suite de la corruption du texte ou d'aménagements ultérieurs.

Tandis que le monde liturgique somnolait sur un oreiller de paresse, rêvant que l'affaire était classée, le jésuite W.F. Macomber, fouillant dans les bibliothèques du Moyen Orient, eut la chance inouïe de découvrir des manuscrits de cinq siècles antérieurs à ceux qu'on possédait, qui redonnaient l'anaphore dans sa forme la plus ancienne. Il la publia en 1966. Stupeur : il se confirmait qu'elle n'avait jamais eu de récit d'Institution. On pouvait donc célébrer la Cène sans dire le récit qui la raconte. On se trouve invité à admettre qu'il existait aux IIIe-IVe siècles, dans les régions placées dans la mouvance liturgique de la Syrie, une double tradition : une tradition qui attachait une grande importance au récit de l'Institution, et une autre, de Syrie orientale, qui attachait la même importance à l'épiclèse et n'utilisait pas le récit de l'Institution[48]. L'enseignement est le suivant : le fait que la communauté célèbre authentiquement la Cène du Seigneur peut être signifié non pas uniquement par des paroles (celles de l'Institution que l'on récite), mais par l'action liturgique elle-même. Dans le cas de l'anaphore d'Addaï et de Mari, le « faire » est plus important que le « dire ».

Cet enseignement est toujours valable. Une communauté est « eucharistique » non pas tant parce qu'elle dit qu'elle célèbre l'Eucharistie, mais par le fait qu'elle la vit.

---

48. E. Lanne, *Dictionnaire de Spiritualité*, t. IX, col. 900.

L'élévation

Au début du XIIIe siècle, s'instaura la pratique d'élever l'hostie après la consécration et, à la fin du XIIIe siècle, le calice. La croyance populaire attachait une grande importance à cette élévation à une époque où, précisément, le peuple communiait de moins en moins : qui regardait l'hostie à l'élévation était, pensait-on, préservé ce jour-là de mort subite, sa maison et sa grange se trouvaient à l'abri du feu. Aussi, quand le prêtre ne levait pas l'hostie assez haut, les plus fervents gémissaient ou vociféraient : « Plus haut ! Plus haut ! »

Aujourd'hui, l'élévation offre au peuple chrétien l'occasion de dire sa foi au Christ eucharistique en l'adorant silencieusement : « Mon Seigneur et mon Dieu ! »

Anamnèse
Nous nous souvenons de ta mort et de ta résurrection

Anamnèse est le décalque du grec *anamnèsis* qui signifie *souvenir, commémoration*. Le Christ avait demandé à la Cène : « Faites ceci en mémoire de moi », *eis tèn émèn anamnèsin* (Luc 22,19). La prière de l'anamnèse répond à la demande du Christ. Elle se développe en quatre temps.

Il y a d'abord la formule d'introduction dite par le prêtre. Le Missel romain propose trois formules. La plus signifiante est la première : *Proclamons le mystère de la foi.*

Il y a ensuite l'anamnèse de l'assemblée : elle fait mémoire de la mort et de la résurrection de Jésus,

elle proclame son retour dans la gloire.
Il y a l'anamnèse du prêtre.
Il y a enfin une prière d'offrande et d'action de
grâce du prêtre. La prière de la Prière eucharistique II est formulée ainsi :

> *Nous t'offrons, Seigneur,*
> *le pain de la vie et la coupe du salut,*
> *et nous te rendons grâce*
> *car tu nous as choisis*
> *pour servir en ta présence.*

Structure
La structure de cette acclamation, si heureusement res-
tituée à l'assemblée, manque quelque peu de rigueur.
En effet, le premier élément, l'invitation à l'acclamation :
Proclamons le mystère de la foi, semble inutile. On
n'introduit pas une acclamation : on acclame spontanément. A-t-on déjà vu à un match de rugby quelqu'un
demander d'acclamer un essai ? L'acclamation eucharistique devrait jaillir de l'assemblée plus spontanément
encore, puisque c'est la communauté elle-même qui célèbre sa victoire dans la résurrection du Christ. En fait,
l'expression « mystère de la foi » se trouvait dans l'ancien
Canon. On l'a enlevée du récit de l'Institution. On la
récupère ici. La récupération alourdit la prière.
Le troisième élément, l'anamnèse du prêtre, elle aussi,
surprend quelque peu. Le prêtre n'aurait-il pas entendu
ce que disait l'assemblée ou s'estimerait-il en dehors d'elle
pour qu'il fasse, à son tour, sa propre anamnèse ? Sa
prière, doublet de celle de l'assemblée, ne fait pas progresser la célébration, mais la ralentit.
On peut supposer raisonnablement que les Prières eucharistiques nouvelles ne présentaient à l'origine que l'anamnèse du prêtre. Comme dans l'ancien Canon, on passait
tout naturellement du récit de l'Institution à l'anamnèse :
C'est pourquoi, nous souvenant... Pour favoriser la participation de l'assemblée, chose excellente, on a introduit

par la suite l'anamnèse de l'assemblée, mais sans l'harmoniser avec celle du prêtre. Comme dans une maison on découvre aisément les retouches qu'on a apportées au plan primitif pour rendre la demeure plus habitable, ainsi on note pareillement dans les textes liturgiques les retouches que la réforme y a introduites pour rendre la prière plus belle. Ces retouches, pourrait-on dire encore, sont comme les cicatrices de la chirurgie esthétique que la réforme a opérée sur les textes. Le prix de la beauté.

Le chant de l'Esprit Saint

L'anamnèse est la prière de l'Esprit Saint en nous. Jésus avait dit : « L'Esprit Saint que le Père enverra en mon nom vous enseignera tout et vous mettra en mémoire *(hypomnèsei)* tout ce que je vous ai dit » (Jean 14,26). L'Esprit est la mémoire de l'Église. Il nous rappelle sans cesse la Pâque du Seigneur, c'est-à-dire le mystère de sa mort et de sa résurrection.

L'Esprit nous ouvre aussi la porte sur l'avenir de l'Église : « Il vous annoncera ce qui doit venir » (Jn 16-13), c'est-à-dire le retour glorieux de Jésus à la fin des temps.

L'anamnèse est le chant de l'Esprit Saint au cœur de l'assemblée.

Épiclèse de communion
« Envoie sur nous ton Esprit Saint »

Comme il a été dit plus haut (p. 104), l'épiclèse de communion est l'invocation de l'Esprit Saint sur la communauté célébrante afin qu'elle participe aux fruits de l'Eucharistie. Deux grâces sont particulièrement demandées : qu'elle soit rassemblée en un

**Communion dans la louange
Avec les saints du ciel
Anaphore de saint Basile**

*C'est un commandement de ton Fils unique,
Seigneur, que nous fassions mémoire des saints.
Daigne donc aussi te souvenir, Seigneur, de ceux
qui t'ont plu depuis le commencement :*
*— des saints Pères, Patriarches, Apôtres,
Prophètes, Prédicateurs, Évangélistes, Martyrs,
Confesseurs, et de tous les justes qui ont gardé
jusqu'au bout la foi du Christ ;*
*— Souviens-toi en particulier de la sainte,
glorieuse, immaculée et pleine de grâce, notre
Dame Marie, Mère de Dieu, et toujours vierge ;*
*— de saint Jean, glorieux, prophète, précurseur,
baptiste et martyr ;*
*— de saint Étienne, premier diacre et premier
martyr ;*
*— Souviens-toi aussi de notre saint et bienheureux
Père Marc, apôtre et évangéliste ;*
— de notre saint Père Basile le Thaumaturge ;
*— de saint N. dont nous célébrons aujourd'hui la
mémoire, et de tout le chœur des saints.*
*Par leur prière et leur intercession, prends pitié de
nous, sauve-nous à cause de ton saint nom qui est
invoqué sur nous.*

D'après C. Vagaggini
Le Canon de la Messe, *p. 49.*

seul corps, et qu'elle devienne une éternelle
offrande à la gloire du Père.

Toute grâce s'origine comme en sa source dans l'amour du « Père des lumières (Jacques 1,17). Elle nous est méritée par le Christ. Elle nous est donnée par l'Esprit Saint : il est, par excellence, *donum Dei*, le don de Dieu aux temps messianiques.

Intercessions
« Souviens-toi, Seigneur »

On peut s'étonner de la présence de nouvelles prières d'intercession après l'épiclèse de communion : n'a-t-on pas suffisamment intercédé lors de la Prière universelle ? En fait, la Prière eucharistique suit la structure bipartite de l'ancienne bénédiction juive : Action de grâce et demande. On pourrait affirmer que la Prière eucharistique n'est autre chose que la prière juive au centre de laquelle on a intercalé le récit de l'Institution, avec l'épiclèse et l'anamnèse.

On prie pour l'Église — on nomme le pape, les évêques, les prêtres, les diacres et, d'une manière générale, tous ceux qui ont la charge du peuple de Dieu —, pour les défunts qui nous ont précédés dans la foi et qui vivent maintenant auprès de Dieu, pour la communauté célébrante afin qu'elle soit rassemblée avec la Vierge Marie et tous les saints du ciel en une seule et éternelle louange. L'Église, communion dans la louange, est aussi communion dans la supplication. Elle imite ainsi la prière de Jésus : de même que sa louange envers son Père est aussi intercession pour ses frères, ainsi notre louange envers le Christ s'ouvre sur une intercession pour toute l'humanité.

Doxologie
Au Père, par le Fils, dans l'Esprit Saint

Décrivant la messe vers les années 150, saint Justin rapporte : « Lorsque la prière est terminée, on apporte du pain, du vin et de l'eau. Celui qui préside fait alors des prières et des actions de grâce autant qu'il peut. Et tout le peuple répond par l'acclamation : Amen [49]. »
La Prière eucharistique tout entière est doxologique, c'est-à-dire parole *(logos)* de louange *(doxa)* envers Dieu. Et l'*amen* de l'assemblée qui conclut cette louange ratifie en fait l'ensemble de la prière. La doxologie qui termine la Prière eucharistique résume la totalité de cette louange.
La liturgie romaine a gardé la formule trinitaire ancienne :

> *Par lui, avec lui et en lui,*
> *à toi, Dieu, le Père tout-puissant,*
> *dans l'unité du Saint-Esprit,*
> *tout honneur et toute gloire*
> *pour les siècles des siècles. Amen.*

Au lieu de signifier simplement l'égalité des personnes en réaction contre l'arianisme (qui considérait le Fils comme inférieur au Père et minimisait un peu sa nature divine), comme dans la doxologie « Gloire au Père, au Fils et au Saint-Esprit », la formule liturgique souligne la relation des divines Personnes entre elles. Elle répond mieux aux données du Nouveau Testament : « Il n'y a qu'un seul

---

49. *Apologie*, 1,67, *Printemps de la liturgie, op. cit.*, p. 95.

Dieu et Père, de qui tout vient, et un seul Seigneur, Jésus Christ, par qui tout existe » (1 Corinthiens 8,6). Il est donc juste que toute louange remonte vers le Père par le Christ.

En ajoutant « dans l'unité de l'Esprit Saint », la liturgie affirme la puissance unifiante de l'Esprit. De même que l'Esprit est « le lien de la Trinité [50] », qu'il unit le Père et le Fils dans l'Amour, ainsi pareillement « l'Esprit noue, en une doxologie, tout ce qui est pour Dieu dans le monde... Il en noue la gerbe en une louange cosmique [51] ».

En disant la doxologie, le prêtre élève le pain et le vin en un geste d'offrande. En ce geste se trouvent signifiées l'histoire du monde et sa destinée ultime. Toute la création est née dans le cœur du Père, fruit de son amour. Toute la création est établie dans l'existence par le Christ, « premier-né de toute créature » (Colossiens 1,15). Toute la création est habitée par l'Esprit qui la remplit de son amour. Devenue corps du Christ dans le pain et le vin, changée en Eucharistie, c'est-à-dire en action de grâce et en louange, la création remonte maintenant vers le Père. C'est ce mouvement de l'univers vers l'éternité de Dieu que signifie le geste de la doxologie. C'est pour cette histoire du monde, dans laquelle se trouve entraînée notre propre histoire, que nous rendons gloire au Père, par le Fils, dans l'Esprit.

---

50. Epiphane († 403), *Adversus Haereses Panarium*, 62,4, *PG* 41,1055 A.
51. Y. Congar, *Je crois en l'Esprit Saint*, t. II, Le Cerf, 1979, pp. 284, 288.

3. RITES ET PRIÈRES DE COMMUNION

« Notre Père »
La prière des enfants

Le Notre Père dans la tradition des Évangiles

Le *Notre Père* nous est parvenu selon une double tradition, celle de Matthieu 6,9-13 et celle de Luc 11,2-4.

La liturgie a retenu la version matthéenne. Elle se divise en sept demandes. Les trois premières demandes sont « célestes » en ce sens qu'elles concernent Dieu : son nom, son Royaume, sa volonté :

— Sanctifié soit ton nom !
— Vienne ton Royaume !
— Se fasse ta volonté au ciel comme sur terre !

Les quatre demandes suivantes sont « terrestres » : elles concernent l'homme :

— Notre pain quotidien, donne-nous aujourd'hui.

— Remets-nous nos dettes comme nous remettons à nos débiteurs.
— Ne nous fais pas entrer en tentation.
— Mais arrache-nous du Mauvais.

La communauté primitive ne s'est pas formalisée des différences qu'elle percevait entre la tradition matthéenne et la tradition lucanienne, différences qui provenaient surtout des additions que Matthieu avait apportées au texte. Elle pensait que le *Notre Père* est avant tout un esprit plutôt qu'une lettre, un message spirituel plutôt qu'un mot-à-mot à réciter. Ce message de la « prière seigneuriale » est le suivant : selon la volonté expresse de Jésus, Dieu veut être invoqué comme Père. Jésus lui-même s'adressait à Dieu avec ce nom de tendresse : « Abba, Père ! » (Marc 14,36). La prière seigneuriale n'est pas la demande de serviteurs à un maître, mais elle est la prière des enfants à leur Père. « Oser prononcer l'invocation de Père, c'est prendre conscience de la filiation ; seuls les enfants peuvent dire *Abba*[52]. » Inversement, il ne faut « donner à personne sur terre le nom de Père, dit Jésus, car vous n'avez qu'un seul Père, le Père céleste » (Matthieu 23,9).

Cette orientation vers le Père marque non seulement les sept demandes du *Notre Père*, mais informe pareillement toute autre prière. La prière est chrétienne si elle s'adresse au Père, ou elle n'est pas. La célébration eucharistique elle-même est louange des enfants envers leur Père du ciel.

---

52. J. Jeremias, *Théologie du Nouveau Testament*, Coll. Lectio Divina, 76 (1973), Ed. du Cerf, p. 247.

Le Notre Père dans la célébration eucharistique

L'attestation la plus ancienne de la présence du
Notre Père dans la liturgie eucharistique se lit,
semble-t-il, chez saint Ambroise [53] († 397). Il est
probable que cette présence au cœur de la Prière
eucharistique ne se généralisa que progressivement.
Il est clair que c'est la demande du pain quotidien
qui motiva cette insertion. Il est même possible que
cette demande, dans son sens littéral, concerne non
pas tant le pain de la terre — au sujet duquel Jésus
demande justement de ne pas s'inquiéter (Matthieu
6,25) — mais cette manne céleste [54] qui descend du
ciel et donne la vie éternelle (Jean 6,32-33). Il est
clair enfin que la demande du pain de la terre conduit à la demande de biens spirituels. On demande
du pain, Dieu donne son Esprit : « Si donc vous,
tout mauvais que vous êtes, vous savez donner de
bonnes choses à vos enfants, combien plus le Père
du ciel donnera-t-il l'Esprit Saint à ceux qui l'en
prient ? » (Luc 11,13). Et qui peut prétendre savoir
exactement où finit la demande du pain et où commence celle de l'Esprit Saint ?
Chez les Orientaux, peut-être aussi en Gaule, le
Notre Père était récité, comme aujourd'hui, par
toute la communauté. A Rome, au contraire, au
temps du pape saint Grégoire († 604) on le considérait comme une prière présidentielle : le prêtre le
récitait donc seul. C'est sans doute l'Espagne qui
avait la coutume la plus originale : le prêtre chan-

---

53. *Des Sacrements*, V, 20, SC 25 bis (1961), Ed. du Cerf, p.130.
54. Voir J. Carmignac, *Recherches sur le « Notre Père »*, Ed.
Letouzey & Ané, Paris, 1969, pp. 118-221.

tait seul le Notre Père, et l'assemblée ratifiait chaque demande par l'acclamation de son *Amen*.
Le Missel a restitué heureusement ce qui est par excellence la « prière des enfants » à toute la communauté chrétienne.

L'embolisme : délivre-nous de tout mal, Seigneur

On appelle *embolisme* (du grec *embolisma, pièce rajustée* à un vêtement) un développement littéraire à partir d'un texte. Le Notre Père se termine par : « Délivre-nous du Mal. » L'embolisme enchaîne : « Délivre-nous de tout mal, Seigneur... » Cet embolisme semble remonter à l'époque de saint Grégoire.
En fait, on peut se demander pourquoi la réforme a gardé cette pièce du VIe siècle surajoutée au *Notre Père*. La prière seigneuriale ne se suffisait-elle pas ? Était-il nécessaire de compléter les paroles de Jésus ?
L'affirmation : « Nous espérons le bonheur que tu promets », renvoie au texte de Tite 2,13 : « Nous attendons la bienheureuse espérance et l'avènement (littéralement : l'épiphanie) de la gloire de notre grand Dieu et Sauveur, le Christ Jésus. » La traduction : « le bonheur que tu promets », rend de manière assez pâle la force de l'expression biblique « la bienheureuse espérance ». Il ne s'agit pas en effet d'un bonheur sans visage que nous attendons, mais bien de la venue en gloire du Christ Jésus, de ce bonheur que nous lirons sur le visage du Christ ressuscité.

La doxologie du Notre Père

L'embolisme se termine par la doxologie :

> *A toi le règne,*
> *à toi la puissance et la gloire*
> *pour les siècles des siècles.*

Cette doxologie ne fait pas partie du texte du *Notre Père* selon Matthieu. Elle se retrouve sous une forme abrégée dans la prière de la *Didachè* (p. 86-87). Elle est une création liturgique fort ancienne (Iᵉʳ ou IIᵉ siècle). Elle fut insérée dans le texte de Matthieu sans doute vers le IIIᵉ siècle, peut-être à Antioche. Elle est utilisée par la plupart des Églises d'Orient ainsi que par les protestants et les anglicans. En l'intégrant à la messe romaine, le nouveau Missel rejoint la tradition des autres Églises chrétiennes.

La doxologie qui termine la Prière eucharistique *Par lui, avec lui et en lui...*, est réservée, selon les rubriques, au prêtre seul [55]. Il arrive, çà et là, que la communauté entraînée par la ferveur de sa participation, s'y associe spontanément, surtout si cette doxologie est récitée ou chantée par un groupe de prêtres concélébrants. Faut-il lui en faire grief de chanter la gloire de Dieu ? La doxologie du *Notre Père*, heureusement, ne pose pas ce problème rubrical puisqu'elle revient à toute l'assemblée.
Il reste qu'il est malaisé d'expliquer ou de justifier que, de ces deux doxologies récitées à un instant d'intervalle, la première est « présidentielle » et ne peut donc pas être reprise par la communauté, tandis que la seconde ne l'est pas et revient par conséquent à l'assemblée. Il s'agit

---

55. Point rappelé dans l'Instruction *Inaestimabile donum*, 4, du 3 avril 1980.

là d'une curiosité rubricale. Il n'y a pas lieu de s'en émou-
voir outre mesure.

Le vrai problème, dans l'une ou l'autre doxologie, c'est
de faire de toute notre vie un chant de louange à la gloire
du Père.

Autour de la fraction du pain

Le rite de la paix

Le Missel explique : « Les fidèles implorent la paix
et l'unité pour l'Église et toute la famille des hommes, et s'expriment leur amour mutuel avant de
participer au pain unique [56]. »

On songe ici tout naturellement à la parole du
Christ : « Si tu présentes ton offrande à l'autel et
que là tu te souviennes que ton frère a quelque
chose contre toi, laisse là ton offrande, devant
l'autel, et va d'abord te réconcilier avec ton frère »
(Matthieu 5,23-24). C'est dans cet esprit que le nouveau rite zaïrois a placé le rite de la paix avant
l'apport des dons pour la liturgie eucharistique [57].
Le signe de la paix est échangé « selon qu'on le juge
opportun [58] ». On peut estimer qu'il est toujours
opportun de signifier la communion dans la paix et
l'amour mutuel. Quant au signe lui-même, il est
déterminé par les conférences épiscopales « selon la
mentalité et les mœurs des différents peuples [59] ».

---

56. *PGMR*, 56 b.
57. *Notitiae*, 264 (1988), p. 461.
58. *PGMR*, 112.
59. *PGMR*, 56 b.

Le rite de la fraction du pain

Le rite de la fraction du pain renouvelle le geste du Christ à la dernière Cène. Pendant l'âge apostolique, la célébration eucharistique s'appelait « la fraction du pain ». Paul explique :

Le pain que nous rompons, n'est-il pas communion au corps du Christ ? Puisqu'il n'y a qu'un seul pain, à nous tous nous ne formons qu'un seul corps, car nous avons tous part à un seul pain (1 Corinthiens 10,16-17).

Jadis, ce rite durait un certain temps puisqu'on devait partager les pains consacrés pour toute l'assemblée. A partir du XIIIᵉ siècle, il perdit quelque peu de sa signification, les hosties ayant été préparées et découpées à l'avance. Actuellement, lorsqu'il n'y a plus qu'une seule hostie à rompre, celle du prêtre, le rite passe presque inaperçu.

Le rite de l'immixtion

On peut en dire autant du rite de l'immixtion : le prêtre « met dans le calice un fragment de l'hostie ». Le Missel ne donne pas d'explication de ce rite. On n'en voit pas non plus la nécessité et on n'est pas sûr de sa signification. On l'a gardé néanmoins par fidélité à la tradition. Diverses explications ont été proposées.
On suppose qu'il s'agissait primitivement du *fermentum* : un morceau de pain eucharistié de la messe du Pape était porté aux prêtres des églises de Rome qui, en raison du service qu'ils assuraient auprès de leurs fidèles, ne pouvaient assister à la messe papale. On manifestait ainsi l'unité du *presbyterium*, c'est-à-dire de l'ensemble des prêtres, de Rome avec le pape.
On peut songer aussi à des pains consacrés — appelés *sancta* — que l'on gardait pour la communion des mourants. Quand ces pains étaient devenus trop durs, on les

changeait. Pour les consommer plus aisément, on les ramollissait en les trempant dans le vin consacré.

On a aussi imaginé une explication symbolique. Le pain et le vin eucharistiés représentent le corps et le sang du Christ. Ils apparaissent séparés sur l'autel : ce qui représente la mort du Christ. En les réunissant dans la coupe, on signifie « la résurrection qui a réuni à jamais, pour la vie éternelle, l'âme et le corps du Christ [60] ». Peut-être. On peut se demander néanmoins si notre bon peuple perçoit ce symbolisme. En voyant du pain et du vin sur la table de l'autel, on pense spontanément non pas à la mort du Christ mais plutôt à un repas. Il s'agit d'un signe de vie, non de mort. D'autre part, il n'est pas dans nos habitudes de tremper du pain dans une coupe de vin. Le geste, en tout cas, n'est pas naturel.

Pendant le rite, le prêtre disait jadis la prière suivante : *Que la commixtion et la consécration du Corps et du sang de notre Seigneur Jésus Christ deviennent pour nous qui les recevons vie éternelle*. Le mot « consécration » créait d'énormes problèmes d'interprétation. Le nouveau Missel l'a heureusement omis. La traduction française est élégante : *Que le corps et le sang de Jésus Christ, réunis en cette coupe, nourrissent en nous la vie éternelle*. Cette prière est dite à voix basse [61] *(secreto)* : de toute évidence, on ne tient pas à donner au rite une grande emphase.

Le chant de l'Agnus Dei

Pendant la fraction du pain, on chante l'*Agnus Dei*.

Le texte liturgique est emprunté au témoignage que Jean Baptiste rendit à Jésus :

> *Voici l'Agneau de Dieu*
> *qui enlève le péché du monde* (Jean 1,29).

---

60. Le Gall, *Dictionnaire de Liturgie*, CLD, 1983, p. 71.
61. *PGMR*, 113.

Le titre *Agneau de Dieu* provient sans doute du quatrième chant du Serviteur de Yahvé selon le Deutéro-Isaïe (2e partie du livre d'Isaïe écrite sans doute durant l'épreuve de l'exil en Babylonie). Il y est dit que ce Serviteur justifie le peuple en se chargeant de son péché. Il y est comparé en même temps à un agneau qu'on immole (Isaïe 53,6-11). La superposition des images du Serviteur et de l'Agneau était d'autant plus facile qu'en araméen le mot *talya, agneau*, peut signifier en même temps *serviteur, fils*. Jean Baptiste a pu dire : « Voici le Serviteur de Dieu qui enlève le péché du monde. » La communauté primitive, après la résurrection, a retenu : « Voici l'Agneau de Dieu... qui enlève le péché du monde. » Elle récupérait ainsi en même temps la richesse du symbolisme de l'Agneau pascal. Cette image était en grande faveur dans la communauté primitive. L'auteur de la première lettre de Pierre affirme : « Vous avez été rachetés... par un sang précieux comme celui d'un agneau sans reproche et sans tache, le Christ » (1 Pierre 1,18-19). Paul peut affirmer, sans donner d'autre explication : « Le Christ, notre Pâque, a été immolé » (1 Corinthiens 5,7). Jean voit dans le Christ en croix la figure de l'Agneau pascal (28,19,26 ; cf. Exode 12,46). L'apocalypse enfin parle 28 fois du Christ en tant qu'Agneau pascal. Cet Agneau porte jusque dans sa résurrection les stigmates de sa Passion, mais il est glorifié en même temps à l'égal de Dieu, dans une doxologie à sept termes : Il est digne, l'Agneau immolé, de recevoir puissance, richesse, sagesse, force, honneur, gloire et louange » (Apocalypse 5,12).
La liturgie unit les images de l'Agneau-Serviteur et

de l'Agneau pascal. En présentant le pain eucharistié à la communauté, le prêtre dit en effet [62] :

> *Voici l'Agneau qui enlève le péché du monde.*
> *Heureux ceux qui sont invités*
> *au festin des noces de l'Agneau !*
> (Apocalypse 19,9).

La béatitude : « Heureux ceux qui sont invités au
festin des noces de l'Agneau » est une citation lit-
térale d'Apocalypse 19,9. Le « festin des noces de
l'Agneau » est, selon l'Apocalypse, la célébration
au ciel, quand le temps se sera figé en éternité, du
triomphe définitif de « l'immense foule » (Apocalypse 19,1.6) des élus.

Le Missel français n'a pas osé reprendre l'image du
« festin des noces de l'Agneau » et adapte ainsi le
texte biblique : *Heureux les invités au repas du Seigneur*. Il limite donc l'invitation de l'Apocalypse à
la célébration éternelle en présence de Dieu à une
invitation à aller communier. On peut regretter une
telle adaptation. On peut en même temps la justifier en songeant que, pour nos communautés peu
familiarisées avec le vocabulaire et les images de
l'Apocalypse, une telle adaptation était sans doute
utile, peut-être même nécessaire. On note enfin que
les lectures du Lectionnaire (jeudi de la 34e semaine
du Temps ordinaire) et celles de l'Office divin (5e
Dimanche du Temps pascal), respectant le texte de
l'Apocalypse, ont gardé l'image du festin des noces
de l'Agneau.

---

62. *Ordo Missae*, 104 (texte latin).

En principe, l'invocation *Agneau de Dieu* est reprise trois fois, sous forme litanique. Le Missel ajoute : « Elle peut être reprise autant de fois que c'est nécessaire pour accompagner la fraction du pain [63]. »

Cette dernière disposition est quelque peu théorique. En pratique, en effet, on emploie généralement de petites hosties pour l'assemblée et une seule grande hostie pour le prêtre. De ce fait, le rite de la fraction ne dure qu'un instant : il est ordinairement terminé avant qu'on n'ait eu le temps de chanter la première invocation de l'Agneau de Dieu.

On se trouve donc de nouveau renvoyé au problème, si important dans le domaine symbolique, de la vérité des signes utilisés. Le Missel note fort bien :

« La vérité du signe demande que la matière de la célébration eucharistique apparaisse vraiment comme une nourriture. Il convient donc que le pain eucharistique... soit tel que le prêtre, à la messe célébrée avec le peuple, puisse vraiment rompre l'hostie en plusieurs morceaux, et distribuer ceux-ci à quelques fidèles au moins [64]. »

Pour donner consistance au rite de la fraction, tout en ne le prolongeant pas outre mesure quand l'assemblée est nombreuse, il serait souhaitable d'avoir, en plus des petites hosties, une ou plusieurs galettes de pain d'une certaine importance. La fraction serait visible par toute l'assemblée. Sa durée aussi serait perceptible comme un temps de la célébration.

Communion

« Le Corps du Christ ! » — *« Amen ! »*

Dans l'antiquité, la formule la plus usuelle pour la distribution de la communion était : « Le Corps du

---

63. *PGMR*, 56 e. *Ordo Missae*, 102.
64. *PGMR*, 283.

Christ. » Le communiant répondait : « Amen ! » Il faisait ainsi une vraie profession de foi. Saint Augustin explique :

Si vous êtes le corps du Christ et ses membres, c'est le sacrement de ce que vous êtes qui est déposé sur la table du Seigneur ; c'est le sacrement de ce que vous êtes que vous recevez. C'est à ce que vous êtes que vous répondez *Amen*. Cette réponse est votre signature. Tu entends en effet : « Corps du Christ. » Tu réponds : « Amen ! » Sois membre du Corps du Christ pour que ton *Amen* soit vrai [65]. »

Comme il arrive souvent, la piété chrétienne, par vénération pour le Corps du Seigneur, amplifia progressivement la formule primitive. On peut citer [66] : *Le corps saint — le sang précieux — du Seigneur, notre Dieu et Sauveur* (Liturgie de saint Marc.) *Le pain de la vie qui descend du ciel, le corps du Christ ; la coupe de vie qui descend du ciel : ceci est le sang du Christ* (Tradition égyptienne). *Ceci est le corps du Christ Jésus, Ceci est le sang de Jésus Christ, notre Seigneur* (Tradition palestinienne.) Vers le VIIIe siècle on trouve la formule qui, en termes équivalents, a prévalu dans notre liturgie romaine jusqu'à la réforme de Vatican II : « Que le corps et le sang de notre Seigneur Jésus te gardent pour la vie éternelle. »
La multiplication des paroles ne multiplie pas la révérence à l'Eucharistie. Le retour à l'antique formule, si puissante dans sa simplicité, avec la

---

65. *Sermo* 272. PL 38, 1247.
66. Brightman, *op. cit.*, pp. 140, 241, 464.

communion dans la main, figure parmi les réformes les plus réussies de Vatican II.

La communion dans la main

La réception de l'hostie sur les lèvres s'établit à partir du IXᵉ siècle [67]. Auparavant, la règle générale était de recevoir l'hostie dans la main. Cyrille de Jérusalem († 387) explique aux néophytes de Jérusalem :

> *Lorsque tu t'avances, ne t'approche pas les mains grandes ouvertes ni les doigts écartés. Mais avec la main gauche, fais un trône pour la droite qui va recevoir le Roi. Reçois le Corps du Christ dans le creux de ta main et réponds :* « Amen »... *Approche-toi aussi de la coupe de son Sang. Ne tends pas les mains, mais incline-toi en attitude d'adoration et de respect et dis :* « Amen »... *Et tandis que tes lèvres sont encore humides, effleure-les de tes doigts et sanctifie tes yeux, ton front et tes autres sens. Puis, en attendant la prière, rends grâce à Dieu qui t'a jugé digne de si grands mystères* [68].

La coutume de recevoir la communion à genoux s'établit progressivement du XIᵉ au XVIᵉ siècle. La table de communion date du XVIIᵉ siècle.

---

67. J.-A. Jungmann, *Missarum Solemnia*, t. 3, *op. cit.*, p. 314. On trouvera pp. 306-325 la documentation relative à l'histoire de la communion des fidèles.
68. *Catéchèses mystagogiques*, 23, 22. L. Deiss, *Printemps de la Liturgie, op. cit.*, p. 277. Sur l'authenticité de ces catéchèses, voir p. 257.

La communion au calice

La communion au calice fut la règle générale jusqu'au XIIe siècle. Elle tend à redevenir aujourd'hui la pratique universelle chaque fois qu'elle est aisément réalisable. Le Missel explique bien : « La Sainte communion réalise plus pleinement sa forme de signe lorsqu'elle se fait sous les deux espèces [69]. »

Il est possible que pour des raisons diverses — soit hygiéniques, soit psychologiques — on ne tienne pas à boire directement à la coupe. On peut alors utiliser un chalumeau pour boire (sorte de paille métallique) à la coupe : cette pratique est attestée après le VIIIe siècle. On peut aussi communier par « intinction » : on trempe le pain consacré dans le calice [70] : cette coutume est attestée au VIIe siècle. Toutes ces pratiques sont donc anciennes et respectables. On peut noter cependant qu'elles semblent maniérées, qu'elles manquent de cette grave simplicité dont il convient d'entourer la table du Seigneur. Jésus n'a pas dit : « Prenez et sucez », ni : « Prenez et trempez. » Mais tout simplement : « Prenez et mangez... Prenez et buvez. »

Fréquence de la communion

On a relevé que « jusqu'au IVe siècle, la communion des fidèles était non seulement la règle à chaque messe, mais elle était plus fréquente que la

69. *PGMR*, 240.
70. *PGMR*, 243.

célébration de la messe, limitée en général au dimanche[71] ». Les fidèles en effet emportaient l'Eucharistie chez eux. Hippolyte de Rome leur conseille de communier chaque jour avant de prendre toute autre nourriture. La conservation du pain eucharistique pouvait poser des problèmes. Hyppolyte recommande : « Que chacun prenne soin qu'aucun infidèle ne goûte de l'Eucharistie, ou une souris, ou un autre animal, et qu'aucune parcelle de l'Eucharistie ne tombe à terre ou ne se perde. C'est en effet le corps du Seigneur que mangent les fidèles et il ne faut pas le mépriser[72]. »

A partir du IVe siècle, on note un déclin rapide de la fréquence de la communion. Différents facteurs ont entraîné ce déclin. En réaction contre l'arianisme, on soulignait le mystère redoutable, *mysterium tremendum*, de la divinité du Christ. On exigeait la pénitence sacramentelle, à partir du Xe siècle, avant la communion. On mettait en avant des exigences de pureté rituelle empruntées à l'Ancien Testament. Saint Césaire d'Arles († 542) demandait aux époux qui avaient eu des rapports de ne pas mettre les pieds à l'église pendant trente jours[73]. C'est ainsi qu'on arriva à défigurer le sacrement de la tendresse du Christ par des traditions humaines. Au VIe siècle, l'Église imposa la communion trois fois par an : à Noël, à Pâques et à la Pentecôte. Au concile du Latran, en 1215, elle l'imposa une fois par an.

---

71. J.-A. Jungmann, *Missarum Solemnia*, t. 3, *op. cit.*, p. 291.
72. *Tradition Apostolique*, 36-37.
73. *Serm.* 44 (= Pseudo-Augustin, *Serm.* 292,5), PL 39,2299. Cité par A.-J. Jungmann, *op. cit.*, p. 295, note 23.

Le concile de Trente encouragea la communion fréquente. Le pape Pie X la rétablit effectivement.
Aujourd'hui, du fait que les prières sont toutes en langue vivante et qu'elles supposent que les fidèles communient, la communion à chaque messe est devenue la règle la plus générale.

Le chant de la communion

Le Missel explique : « On chante *le chant de communion* pour exprimer l'union spirituelle entre les communiants par l'unité des voix, montrer la joie du cœur, et rendre plus fraternelle la procession de ceux qui s'acheminent pour recevoir le corps du Christ. Le chant commence quand le prêtre se communie et il se prolonge, autant qu'on le jugera bon, pendant que les fidèles prennent le corps du Christ [74]. » Cyrille de Jérusalem nous apprend qu'on chantait le Psaume 34. L'antienne « Goûtez et voyez comme est bon le Seigneur » (Psaume 34,7) convenait particulièrement pour exprimer la joie eucharistique de la communauté.

Il est opportun de prévoir, après la louange communautaire du chant de communion, un temps de silence pour l'action de grâce individuelle. On peut conclure ce temps par « une hymne, un psaume, ou un autre chant de louange [75] ».

Le Missel, qui offre donc beaucoup de flexibilité pour l'organisation de la communion, ne dit pas

---

74. *PGMR* 56, i.
75. *PGMR* 56, j.

qu'il ne faut pas exténuer l'assemblée par des chants... C'est une règle de bons sens. En clair : un seul chant, soit pendant la communion, soit après la communion, suffit de manière générale pour exprimer la joie de l'assemblée.

Il est hautement souhaitable que le prêtre ne pollue pas le temps de silence après la communion en « purifiant » à ce moment-là la patène et le calice. Cette purification est prévue. Mais elle n'a rien d'une célébration. Pas plus qu'on ne range la cuisine et qu'on ne lave la vaisselle quand les invités de la fête sont encore là, on ne devrait procéder à la « purification » quand l'assemblée est encore présente. C'est donc avec beaucoup de bon sens que le Missel recommande de faire les purifications « après la messe, lorsque le peuple a été renvoyé [76].

---

76. *PGMR* 120.

4. RITES DE CONCLUSION

Prière conclusive

Une dernière prière présidentielle conclut la célébration. On y implore Dieu de « faire fructifier l'eucharistie qui nous a rassemblés » (Premier dimanche de l'Avent).

Bénédiction finale

Avant d'envoyer ses disciples dans le monde témoigner de sa résurrection devant toutes les nations, le Christ Jésus, « levant les mains, les bénit. Et tandis qu'il les bénissait, il fut emporté au ciel » (Luc 24,50-51). Avant de renvoyer les fidèles dans le monde annoncer à leurs frères la résurrection du Christ, le prêtre, pareillement, lève la main sur eux, les marque du signe de la croix et invoque sur eux la bénédiction du Père, du Fils et du Saint Esprit [77]. Les fidèles se sont rassemblés dans

---

77. Au VIᵉ siècle, au témoignage de l'*Ordo Antiquus Gallica-*

Prière après la communion
Anaphore de Sérapion

Nous te rendons grâce, ô Maître
d'avoir appelé ceux qui étaient dans l'erreur,
d'avoir réconcilié ceux qui avaient péché.
Tu as passé sur la menace qui pesait sur nous,
par ton amour pour les hommes, tu l'as retirée,
pour la conversion, tu l'as abandonnée,
par ta connaissance, tu l'as rejetée.

Nous te rendons grâce de nous avoir fait participer
au corps et au sang (de ton Fils).
Bénis-nous, bénis ce peuple...
par ton Fils unique.

Par lui, gloire à toi, et puissance,
dans le Saint Esprit,
maintenant et dans tous les siècles des siècles !
Amen.

Anaphore de Sérapion, 16
(Égypte, IVᵉ siècle).

L. Deiss,
Printemps de la Liturgie, *p. 188*

l'église, sanctuaire de pierre : ils vont maintenant se répandre dans le sanctuaire qu'est l'univers. Ils se sont réunis pour former une communauté de frères : ils vont porter maintenant à leurs frères

---

nus, 23, une bénédiction finale était donnée avant la communion à ceux qui ne communiaient pas et qui étaient invités alors à quitter l'assemblée.

dans le monde la croix de lumière dont ils ont été marqués. Ils avaient formé une communauté de louange : ils vont faire retentir la louange sur toute la terre.

Dans sa description de la liturgie en usage à Jérusalem (entre 381 et 384), la pèlerine Égérie rapporte que les fidèles, quand l'office liturgique était terminé, s'approchaient de l'évêque et que celui-ci avant de se retirer, les bénissait [78]. Pareille coutume existait également à Rome : en retournant à la sacristie, le pape bénissait les fidèles qu'il rencontrait sur son passage [79]. Cette bénédiction finale, au moment où le président quitte son assemblée, manifeste bien le lien qui l'unit à sa communauté. Le prêtre est ordonné non pour dominer ses frères, mais pour leur apporter la bénédiction de la part de Dieu en les marquant de la croix de Jésus. A vrai dire, il ne les bénit même pas lui-même, il dit plutôt la prière qui demande à Dieu de les bénir : *Que Dieu tout-puissant vous bénisse...* Telle est l'humilité du ministère presbytéral. Telle est aussi son éminente dignité.

Le renvoi de l'assemblée

En Orient, la formule de renvoi est : *Allez en paix* (Antioche et Égypte), ou : *Allons en paix* (Byzance) et, un peu plus religieusement : *Allons dans la paix*

---

78. *Journal de voyage*, 24,2. Coll. Sources chrétiennes n° 296 (1982), Ed. du Cerf, p. 236.
79. *R. Cabié, op. cit.*, p. 141.

du Christ (Syrie orientale). Le peuple répond : *Au nom du Seigneur* [80]. Telle était aussi la formule utilisée dans l'Église de Milan.

A Rome, on a l'esprit réaliste et pratique. On utilise une formule de caractère juridique : *Ite missa est. Missa* (de *mittere,* envoyer) signifie *renvoi* (à partir du ${IV}^e$ siècle, *missa* désigne toute l'action liturgique qui a précédé, c'est-à-dire la messe). *Ite, missa est* signifie donc tout simplement : « Allez, c'est le renvoi », comme si on disait : « Allez, c'est terminé » ou plus sentencieusement : « Allez, la séance est levée [81].»

Le Missel français s'est inspiré très heureusement de la formule de la Syrie orientale : *Allez dans la paix du Christ.* Le Missel anglais fait de même. Il unit l'Orient à Rome en proposant en plus : *La messe est terminée. Allez en paix !* Il ajoute enfin une troisième formule, très belle : *Allez en paix aimer et servir le Seigneur !*

Le prêtre vénère une dernière fois l'autel en le baisant. La liturgie d'Antioche propose une très émouvante formule d'adieu :

> « *Demeure en paix, saint autel du Seigneur. Je ne sais si désormais je reviendrai ou non vers toi. Que le Seigneur m'accorde de te voir dans l'assemblée des premiers-nés qui est dans les cieux; dans cette alliance, je mets ma confiance.*
>
> *Demeure en paix, autel saint et propitiateur. Que le corps saint et le sang propitiateur que*

80. Brightman, *op. cit.,* pp. 67, 142, 343.
81. R. Cabié, *op. cit.,* p. 141.

j'ai reçu de toi soient pour le pardon de mes fautes, la rémission de mes péchés et mon assurance devant le redoutable tribunal de notre Seigneur et Dieu à jamais.

Demeure en paix, saint autel, table de vie, et supplie pour moi notre Seigneur Jésus Christ pour que je ne cesse de penser à toi désormais et dans les siècles des siècles. Amen [82]*. »*

82. Archdale A. King, *Liturgie d'Antioche*, Mame, 1967, p. 138. Cf. Brightman, *op. cit.*, p. 109.

Conclusion

En parcourant la messe, nous avons gardé un regard ouvert, d'une part, sur la tradition biblique et patristique, et, d'autre part, sur les réformes telles que le Missel nous les propose aujourd'hui. Certains estiment que ces réformes étaient trop timides, qu'elles vouaient une vénération excessive au passé, qu'elles manquaient de courage face à l'avenir. D'autres estiment que ces réformes étaient trop audacieuses, qu'elles bousculaient sans retenue les vénérables traditions de la prière antique. D'autres enfin estiment avec sagesse que ces réformes se plaçaient dans un juste milieu entre ce qui était idéalement désirable et, à l'époque, pacifiquement réalisable.

Il reste qu'aucune réforme n'est éternelle. La « réforme permanente » dont parle Vatican II[1], est le devoir constant de l'Église. Parmi les domaines dans lesquels doit s'exercer cette rénovation constante, le Concile mentionne explicitement la

---

1. *Décret sur l'œcuménisme*, 6.

liturgie. Vatican II a donné des réponses nouvelles et pertinentes aux problèmes qui se posaient aux alentours de 1963-1965. Depuis cette époque, tout particulièrement depuis 1968, qui est une date clé et qui marque une accélération dans l'évolution de la société, l'environnement culturel dans lequel vivent les chrétiens a évolué à une vitesse vertigineuse. La fréquentation des messes dominicales évolue pareillement, mais en diminuant, à la même vitesse. Que le nombre des chrétiens dans certains pays comme aux États-Unis ne cesse de progresser et que la pratique dominicale, dans ces mêmes pays, ne cesse de diminuer, ne manque pas de poser des questions. La moitié des chrétiens, à l'heure actuelle, plus précisément ceux qui sont nés quelque dix ans avant le Concile, n'ont pas connu la liturgie latine d'avant le Concile, ne sont donc familiers qu'avec la liturgie « nouvelle ». C'est moins la ré-forme de la liturgie que les intéresse que sa forme actuelle. Au milieu des problèmes anciens qui n'ont pas encore reçu de solution pleinement satisfaisante, des problèmes nouveaux ont surgi. On songe principalement aux problèmes de l'inculturation et de l'acculturation du message du Christ et de sa célébration. « Le dialogue de l'Église et des cultures revêt une importance vitale pour l'avenir de l'Église et du monde [2]. » Saurons-nous montrer à nos frères que le Christ les aime tels qu'il sont ? Saurons-nous les entraîner à célébrer avec nous cet amour ?

---

2. *La foi et l'inculturation*, 4. Document de la Commission théologique internationale, *La Documentation Catholique* 86 (1989), p. 281.

L'antique prophétie du livre d'Isaïe : « Je vais créer Jérusalem *Joie* et son peuple *Allégresse* » (65,18), est la lumière qui guide l'Église dans cette réforme permanente. La mesure de la joie et de la paix que nous apporte chaque célébration est le critère de sa réussite.

Heureuse la communauté qui a la joie comme rubrique principale de sa liturgie ! Qui, lorsqu'elle célèbre la Parole, rencontre le visage du Christ ressuscité dans chaque page de la Bible ! Qui, lorsqu'elle partage le pain et le vin de l'Eucharistie, partage en même temps l'amour entre frères et sœurs ! Qui, pour présider sa célébration, a un prêtre non pour la dominer, mais pour la servir comme un frère !

La messe est au cœur de la communauté chrétienne. La beauté de chaque messe, c'est la beauté du Christ en notre vie.

Glossaire
expliquant les mots techniques

AGAPE, du grec *agapè, amour*. Désigne le repas des premiers chrétiens, repas qui signifiait la charité et l'unité des fidèles entre eux ; ce repas précédait la célébration eucharistique.

AGNUS DEI, *Agneau de Dieu,* titre donné au Christ par la communauté primitive. Chant qui accompagne le rite de la fraction du pain, p. 128-131.

ALLÉLUIA, francisation de l'hébreu *Halelû-Yah,* qui signifie *Louez-Yah* (= Yahvé).

AMBON, du grec *anabainein, monter.* Lieu ordinairement surélevé d'où l'on proclame la Parole de Dieu. Voir p. 52-53.

AMEN, mot hébreu qui signifie *Il en est ainsi,* ou *Qu'il en soit* ainsi. Voir p. 38-39.

ANAMNÈSE, du grec *anamnèsis, action de se souvenir.* Prière après la consécration où l'on rappelle la mort et la résurrection de Jésus. Voir p. 114-116.

ANAPHORE, du grec *anaphora,* offrande (littéralement : élévation) (sous-entendu : d'un sacrifice à Dieu). Désigne, dans les liturgies orientales, la Prière eucharistique. Voir p. 83.

CANON, *règle*. Désigne dans l'ancienne liturgie romaine la Prière eucharistique, prière normative. Voir p. 83.

COLLECTE, prière du président de l'assemblée qui « collecte » la prière de tous en une oraison unique. Voir p. 37-38.

CREDO, *Je crois.* Profession de foi qui, à la messe, se place après l'Évangile.

DEUTERO-ISAÏE, deuxième partie du livre d'Isaïe (chapitre 40-55), attribuée à un disciple de la tradition d'Isaïe, datant des années 550.

DIDACHÈ, du grec *enseignement,* doctrine. On nomme ainsi le plus ancien « manuel » chrétien. Il peut remonter à la période apostolique (aux années 60 selon J.-P. Audet) ou « dans son ensemble au Ier siècle de notre ère » (Sources chrétiennes, 248, p. 96). Le titre complet porte *Didachè* (c'est-à-dire doctrine) *des douze apôtres* ».

DOXOLOGIE, prière où l'on dit *(logos)* la gloire *(doxa)* de Dieu. Voir p. 119-120.

ÉGÉRIE (parfois Ethérie) est une dame chrétienne qui fit un pèlerinage en Terre Sainte vers 381-384 et dont nous possédons le *Journal de voyage* (publié dans la collection Sources chrétiennes, 296). Ce journal nous fournit nombre de renseignements sur la liturgie telle qu'elle était célébrée dans les sanctuaires de la Palestine.

ÉPICLÈSE, du grec *epiklèsis,* invocation *(klèsis)* sur *(épi)*. Prière qui invoque la venue de l'Esprit Saint sur le pain et sur le vin. Voir p. 101-102.

ESCHATOLOGIE, discours *(logos)* relatif à la fin *(eschaton)* des temps.

EUCHARISTIE, francisation du grec *eucharistia, action de grâce*. Désigne d'abord la prière d'action de grâce que l'on prononce sur le pain et sur le vin, ensuite, au milieu du IIe siècle, le pain et le vin sur lesquels cette prière a été prononcée. Voir p. 84.

ÉVANGÉLIAIRE, livre liturgique qui contient le texte des Évangiles. Voir p. 48-49.

GLORIA (gloire), désigne l'hymne *Gloire à Dieu* du début de la messe. Voir p. 30-33.

HIPPOLYTE DE ROME (vers 170-236), prêtre de l'Église de Rome. Parmi ses nombreuses œuvres théologiques, sa *Tradition Apostolique* (vers 215) présente la plus ancienne Prière eucharistique. Voir p. 89-90.

HOMÉLIE, du grec *homilia, réunion,* d'où *entretien familier.* L'homélie est le discours qui traduit et actualise la Parole de Dieu. Voir p. 54-55.

INSTITUTION. On appelle récits de l'Institution les textes bibliques qui rapportent comment Jésus, lors de la Cène, a institué l'Eucharistie en disant : « Faites ceci en mémoire de moi. » Voir p. 107-109.

KYRIE ELEISON, texte grec des Évangiles, qui signifie « Seigneur, prends pitié ». Voir p. 26-27.

LECTIONNAIRE, livre qui contient les lectures de la Parole de Dieu pour les célébrations.

MESSE, du latin *missa,* de *mittere, envoi, envoyer. Missa est* signifie littéralement : C'est le renvoi. *Missa* a désigné par la suite l'ensemble de la célébration liturgique précédant ce renvoi. Voir p. 141.

OBLAT, ce qui est offert *(oblatus)* pour la célébration de la messe, c'est-à-dire le pain et le vin pour l'Eucharistie. Voir p. 68-75, 79-81.

OFFERTOIRE, prières et rites qui, dans l'ancienne messe accompagnaient l'offrande du pain et du vin (non encore consacrés). La réforme a changé l'ancien offertoire en « Préparation des dons ». Voir p. 68-69.

ORDO (sous entendu : *missae*) est le livre qui précise l'ordre à suivre pour la célébration de la messe. Voir p. 17-18.

PAROUSIE, francisation d'un mot grec qui signifie présence. Désigne la venue du Christ à la fin des temps.

POST-SANCTUS, prière qui suit le Sanctus, qui commence ordinairement par ces mots : « Tu es vraiment saint. » Voir p. 104.

PRÉFACE, première prière de la liturgie strictement eucharistique. Elle est dite *(fateri)* par le prêtre devant *(prae)* la communauté, comme un *pro-logue* solennel à l'Eucharistie. Voir p. 96-97.

SANCTUS, Saint, chant qui suit la Préface.

SHEMA ISRAËL, prière de la tradition juive qui commence par ces paroles qui signifient « Écoute, Israël », selon le texte de Deutéronome 6,4.

TRISAGION, chant qui répète trois fois *(tris)* l'acclamation Saint *(hagios)*.

YAHVÉ, nom de Dieu tel qu'il apparaît dans les traductions bibliques. Le texte original porte YHWH. La prononciation est incertaine.

Bibliographie

Missale Romanum : Editio typica, 1969, comprenant l'*Institutio Generalis Missalis Romani*, L'*Ordo Missae cum populo* et l'*Ordo Missae sine populo*. — L'*Institutio Generalis* a paru dans *Préliminaires du Missel Romain* sous le titre *Présentation Générale du Missel Romain*, Droguet-Ardant, 1969. Pour cet ouvrage nous utilisons l'abréviation *PGMR*, pour l'*Institutio* l'abréviation *IGMR*.

Ordo Lectionum Missae, Praenotanda, 2ᵉ édition, 1981.-*Notitiae*, 180-183, 1981, pp. 361-404. Cette 2ᵉ édition renouvelle totalement la 1ʳᵉ édition et présente une théologie de la célébration de la Parole de Dieu. Nous nous y référons en abrégé par le sigle *OLM*.

R. KACYNSKI, *Enchiridion Documentorum Instaurationis Liturgicae*, I (1963-1973), Ed. Marietti, 1976. — Recueil des textes officiels sur la réforme liturgique depuis Vatican II.

Textes liturgiques :

F.E. BRIGHTMAN, *Liturgies Eastern and Western*, Vol. I, Clarendon Press, 1896. (Textes liturgiques en grec et traduction anglaise.)

A. HÄNGGI — I. PAHL, *Prex Eucharistica*, Ed. Universitaires, Fribourg, 1968. (Prières eucharistiques en grec, en latin et en traduction latine.)

L. DEISS, *Printemps de la Liturgie*, Ed. du Levain, 1979. (Traduction française des textes liturgiques des quatre premiers siècles.)

Études

J.-A. JUNGMANN, *Missarum Solemnia*, 3 vol., Coll. Théologie, 19,20 et 21, Aubier.

A.G. MARTIMORT, *L'Église en prière*. t. II, *L'Eucharistie*, par R. Cabié, Desclée, 1983.

Table des matières

3. LITURGIE EUCHARISTIQUE

Dans la même collection

Achevé d'imprimer le 6 janvier 1990
dans les ateliers de Normandie Impression
à Alençon (Orne)
pour le compte des éditions Desclée de Brouwer.
Dépôt légal : janvier 1990

Imprimé en France